Jürgen Gaulke
33 Fragen – 33 Antworten

INFLATION

PIPER

Zu diesem Buch

Durch den Post-Corona-Boom steigen die Preise rasant. Die Inflationsrate ist im Moment so hoch wie zuletzt vor 30 Jahren. Vor allem bei Energieprodukten, Baustoffen und bei Lebensmitteln sind die Preise enorm gestiegen. Nach fast zwei Jahrzehnten stabiler Preise ist also das Schreckgespenst Inflation zurück. Aber wie kommt es eigentlich zur Inflation? Wie wird Inflation offiziell gemessen? Trifft die Inflation eher die Armen oder die Reichen? Und was können Anleger konkret tun? In diesem Buch beantwortet Jürgen Gaulke die wichtigsten Fragen zu einem hochaktuellen Thema.

Dr. Jürgen Gaulke hat in Köln und USA Volkswirtschaft und Philosophie studiert. Er promovierte mit einer Arbeit über John Stuart Mill und Friedrich August von Hayek. Nach dem Abschluss an der Kölner Journalistenschule war er Redakteur bei *FAZ* und *manager magazin*, in diversen Entwicklungsredaktionen sowie Pressesprecher des ifo Instituts. Als Publizist und Berater hat der mehrfache Buchautor u.a. für zahlreiche börsennotierte Unternehmen, Think Tanks und das Bundeswirtschaftsministerium gearbeitet.

Jürgen Gaulke

PIPER

Mehr über unsere Autorinnen, Autoren und Bücher:
www.piper.de

Inhalte fremder Webseiten, auf die in diesem Buch (etwa durch Links) hingewiesen wird, macht sich der Verlag nicht zu eigen. Eine Haftung dafür übernimmt der Verlag nicht.

Originalausgabe
ISBN 978-3-492-31861-7
Mai 2022
© Piper Verlag GmbH, München 2022
Umschlaggestaltung: Büro Jorge Schmidt, München
Satz: Uhl & Massopust, Aalen
Gesetzt aus der Quadraat
Litho: Lorenz & Zeller, Inning am Ammersee
Druck und Bindung: CPI books GmbH, Leck
Printed in the EU

Inhalt

Einleitung 7

1. Der große Preis: Wird wirklich immer alles teurer? 9
2. Was ist Inflation? 11
3. Wie wird Inflation offiziell gemessen? 13
4. Was misst die offizielle Inflationsrate nicht? 18
5. Warum ist die gefühlte Inflation fast immer höher als die offizielle Rate? 21
6. Kann sich eine Inflation auch verstecken? 24
7. Gab es schon immer Inflation? 28
8. Ist Inflation immer schlecht? 31
9. Ist Inflation also normal? 34
10. Leiden die Deutschen unter einem Inflationstrauma? 36
11. Wie kommt es zur Inflation? 40
12. Kann sich ein Land gegen eine weltweite Inflation abschotten? 43
13. Wie wirken Leitzinsen auf die Inflation? 46
14. Welchen Einfluss hat die Geldmenge auf die Inflation? 49
15. Wie groß ist der Einfluss der Energiepreise auf die Inflation? 54
16. Sind die Gewerkschaften schuld an der Inflation? 57
17. Treibt der Klimawandel die Inflation? 62

18. Wie werden sich Klimaschutz, Energiewende und Nachhaltigkeit auf die Inflation auswirken? ... 64

19. Ist Inflation eine Krankheit, die für Wirtschaft und Staat tödlich enden kann? ... 68

20. Kann Inflation die Arbeitslosigkeit senken? ... 71

21. Wirkt Inflation wachstumsfördernd oder -hemmend? ... 74

22. Trifft die Inflation eher die Armen oder die Reichen? ... 77

23. Wer sind die Inflationsverlierer? ... 79

24. Gibt es auch Inflationsgewinner? ... 85

25. Warum ist es so schwer, Inflation wieder loszuwerden? ... 89

26. Kann der Staat nicht einfach die Preise und Löhne einfrieren, um die Inflation zu stoppen? ... 93

27. Was kann der Staat tun, um die Inflation zu bekämpfen? ... 97

28. Warum ist eine Stagflation so heimtückisch? ... 101

29. Warum sind sinkende Preise eigentlich schlecht? ... 105

30. Wie können sich Verbraucher und Rentner gegen Inflation wehren? ... 110

31. Schützt Gold gegen Inflation? ... 112

32. Inflation vernichtet Vermögen. Was kann der Anleger tun? ... 116

33. Ein Blick in die Zukunft: Stehen wir nach Corona vor inflationären Zeiten? ... 121

Literatur ... 127

Einleitung

Zum Zeitpunkt der Erstveröffentlichung dieses Buches, im Frühjahr 2022, vergeht kaum noch ein Tag, an dem die Inflation kein Thema für Push-Nachrichten, Newsletter, Investmentwebseiten, Fernsehnachrichten, Twitterer, Youtuber und Influencer ist. Der Bläserchor der Panikmacher wird durch immer neue Schreckensnachrichten aus dem In- und Ausland inspiriert: »Inflation in Deutschland jetzt über 5 Prozent«, »Geldentwertung in Europa erreicht 4 Prozent«, »Inflationsrate in den USA springt auf 7 Prozent«. Und nicht nur das: Da die Notenbanken verschiedenste Preisindizes für Verbraucher, Erzeuger, Einzelhandel, Großhandel, Einfuhrpreise, Ausfuhrpreise etc. berechnen, findet sich täglich ein Preisindex, der gerade wieder gestiegen ist. Und schließlich legen auch noch die Zentralbanken selbst neue Notenblätter auf die Pulte des zum Tusch aufspielenden Panikorchesters, indem sie eigene Prognosen ihrer Werte veröffentlichen, nach denen die Inflationsrate im vergangenen Monat voraussichtlich über 5 Prozent lag.

Weiter befeuert wurden die Inflationssorgen durch den Angriff des russischen Präsidenten Putin auf die Ukraine: Die Energiepreise gingen durch die Decke, die Notierungen für Rohstoffe und Lebensmittel wie Weizen erreichten neue Höchststände. Die Benzinpreise in Deutschland überschritten erstmals die 2-Euro-Marke.

Buchautoren haben den Vorteil, dass sie sich der Aufgeregtheit der modernen Zwitscher-Gesellschaft entziehen können und müssen. Beim Blick ins Archiv lautet die erste Feststellung, dass die relevante ökonomische Forschung im Anschluss an die 1970er-Jahre stattfand, einer Dekade von Inflation und Stagflation. Die historische Perspektive lehrt, die aktuellen Risiken einzuschätzen. Sie lehrt auch Gelassenheit, selbst wenn es unschön ist, zu realisieren, dass der Wert der eigenen Lebensversicherung in den letzten zwölf Monaten um 5 Prozent geschmolzen und der Policeninhaber dem hilflos ausgeliefert ist.

Für dieses Buch wurden 33 Fragen zum Thema Inflation gesammelt – und entsprechende Antworten gegeben. Sie helfen, das Phänomen Geldentwertung zu verstehen, bieten handfeste Informationen, erzählen auch mal lustige Anekdoten, bleiben aber immer auf dem Boden der Tatsachen. Inflation macht Angst, gerade in Deutschland, aber es gibt keinen Grund, davor Angst zu haben. Eine eigene Frage befasst sich damit, wie sich Anleger gegen die Folgen der Geldentwertung absichern können.

Wer dies befolgt, der muss keine Angst vor dem haben, was die Propheten des wirtschaftlichen Weltuntergangs als Menetekel an die Wand malen: eine neue Währungsreform. Nehmen Sie sich ein Beispiel an der Gelassenheit des Finanzmarkts, der bei solchen Schuldenschnitten gerne von einem »Haircut« spricht, einem Haarschnitt. Das hat etwas Verharmlosendes, aber auch erfrischend Normales. Hey, es ist nur Geld, und es wächst wieder nach. Jedenfalls wenn der Anleger sein Geld richtig verteilt hat.

→ 1. Der große Preis: Wird wirklich immer alles teurer?

Der Seufzer ist bekannt: »Alles wird immer teurer!« Zum Beispiel die Brötchen, die Butter, der Joghurt, die Eiskugel, das Benzin – alles war früher billiger, so scheint es. Je älter der Leidtragende der Teuerung ist, desto größer fallen die genannten Unterschiede aus. Eiskugel und Brötchen kosteten früher 10 Pfennig, eine Tankfüllung war für 50 D-Mark zu haben. Du meine Güte, und heute ist das nicht einmal eins zu eins in Euro zu rechnen! Dabei war 1 Euro mal 2 DM. So gerechnet, kosten die Kugel Eis dann schon 3 und das Brötchen 1 DM!

Stimmt das? Ja, zumindest als Gefühl. Das Phänomen heißt Verlustaversion. Menschen gewichten Verluste tendenziell höher als Gewinne. Die Verlustaversion ist ein Bestandteil der *Prospect Theory,* der Neuen Erwartungstheorie, die 1979 von dem israelisch-amerikanischen Psychologen Daniel Kahneman (geb. 1934) und seinem israelischen Kollegen Amos Tversky (1937–1996) aufgestellt wurde. Dafür erhielten die beiden Forscher (Tversky posthum) 2002 den Nobelpreis für Wirtschaftswissenschaften.

Der deutsch-schweizerische Statistiker Hans Wolfgang Brachinger (1951–2011) von der Schweizer Universität Freiburg wendete das Konzept von Kahnemann und Tversky auf die Inflationswahrnehmung an: Er ging davon aus, dass der Verbraucher einen gebotenen Preis zunächst als Gewinn oder Verlust einordnet. Ein Menü für 45 Euro kostet also psychologisch gesehen nicht einfach objektiv 45 Euro, sondern der Preis wird gewertet und als relativ preiswert oder teuer wahrgenommen, abhängig vom Bezugspunkt, so das Beispiel von Brachinger. Wer einen Menüpreis von 60 Euro erwartet hat, empfindet den Preis von 45 Euro als Gewinn. Wer dagegen 30 Euro erwartet hat, nimmt subjektiv einen beträchtlichen Verlust wahr.

Konsumenten bewerten Preisänderungen asymmetrisch. Brachinger nahm mit Kahnemann und Tversky an, dass Verbraucher auf Preiserhöhungen (Verlust) empfindlicher reagieren als auf Preissenkungen (Gewinn). Die Faustregel lautet: Verluste werden rund doppelt so stark gespürt wie Gewinne.

Gleichzeitig schätzt der Verbraucher die Inflation umso höher ein, je öfter er Preiserhöhungen erfahren hat. Die Butter, die er zuletzt noch für 1,49 Euro kaufen konnte, kostet nun also schon über 2 Euro, empört er sich. Und das Nudelpaket ist nicht mehr für 39, sondern nur noch für 55 Cent zu haben.

Preissenkungen bei selten gekauften Gütern haben dagegen laut Brachinger kaum Einfluss auf die Inflationswahrnehmung. Dass der neue Fernseher einen größeren und schärferen Bildschirm hat und obendrein 100 Euro billiger ist, nimmt der Käufer als eine Art Selbstverständlichkeit bestenfalls zur Kenntnis. Interessant ist auch: Bei Gütern ohne expliziten Kaufvorgang, etwa bei monatlichen Abbuchungen vom Konto, haben Preiserhöhungen wenig Wirkung auf die Inflationswahrnehmung. Die Widerstandslosigkeit des nicht empfundenen Zahlens freut natürlich viele, vom Stromlieferanten bis zum Versicherer, der alljährlich geräuschlos die Prämie erhöhen kann.

Und: Erhöhungen bei kleinen Preisen fallen eher auf als bei großen. Wenn die Gebühr für das Opernparkhaus nun 50 Cent mehr kostet, ist das für den Verbraucher gewichtiger, als wenn die Opernkarte 10 Euro teurer geworden ist.

Das Gefühl, dass alles immer teurer wird, hat seine wissenschaftliche Bestätigung erfahren – und so stimmt der Seufzer auch in der anderen Richtung: »Früher war alles billiger!«

2. Was ist Inflation?

Inflation ist, wenn alles immer teurer wird. Doch halt, so einfach machen es sich die Volkswirte natürlich nicht. Sie definieren Inflation als dauerhaften Anstieg des gesamtwirtschaftlichen Preisniveaus. Gemeint ist die Zusammenfassung aller Preise in einer Volkswirtschaft.

Es reicht also nicht, wenn die Butter teurer geworden ist. Selbst wenn ganze Produktgruppen wie Milch, Gemüse und Obst teurer werden, werden vielleicht andere Produkte wie Fernseher, Handys oder Dienstleistungen billiger. Dann bleibt das allgemeine Preisniveau in der Volkswirtschaft per Saldo gleich.

Wichtig ist außerdem: Eine Inflation ist eine dauerhafte Geldentwertung. Wenn das Preisniveau also nur kurzfristig steigt, handelt es sich um einen Preissprung, aber noch nicht um eine Inflation.

Auch die sogenannte Vermögenspreisinflation ist keine echte Inflation: Dabei handelt es sich um einen allgemeinen Anstieg der Preise bei finanziellen Vermögenswerten wie Aktien, Immobilien oder Gold; die Preise von Gütern oder Dienstleistungen bleiben aber konstant. Vermutlich zählt das deshalb nicht als Inflation, da allgemein davon ausgegangen wird, dass sich diese aufgeblasenen Preise beim nächsten Crash wieder normalisieren.

Wie so häufig, stammt auch das Wort Inflation aus dem Lateinischen: Das Verb *flare* bedeutet »blasen«, das Substantiv *inflatio* wiederum »Aufblähen«. Geradezu inflationär sind die Unterarten der Inflation: Es gibt zunächst einmal auch das Gegenteil einer Inflation, das ist die Deflation, ein Rückgang des allgemeinen Preisniveaus. Der Weg dorthin wird als Disinflation bezeichnet, ein spürbarer Rückgang der Inflationsrate. Das ist aber keineswegs gut, wie wir noch lernen werden, daher versuchen die Notenbanken eine Reflation, also eine Anhebung des allgemeinen Preisniveaus. Dies ist jedoch ein Spiel mit dem Feuer: Wer zu viel Geld in Umlauf bringt, bereitet damit oft den Boden für eine später deutlich zu hoch ausfallende Inflation.

Die normale Inflation ist schleichend. In der Summe nimmt die Kaufkraft einer Währung kontinuierlich ab. Sobald sich die Geldentwertung beschleunigt, verwendet man zu ihrer Beschreibung die Pferdesportsprache: Sie wechselt zunächst in eine trabende Inflation. Wenn sie dann nicht mehr aufgehalten werden kann, beschleunigt sie sich zu einer galoppierenden Inflation, auch Hyperinflation genannt. Je nach Inflationssensibilität ist dies ab einer monatlichen (!) Inflationsrate von mehr als 50 Prozent der Fall, legte 1956 der amerikanische Ökonom Phillip D. Cagan (1927–2012) fest. Dies entspricht einer jährlichen Rate von umgerechnet rund 13 000 Prozent. Dann ist die Inflationsspirale außer Kontrolle geraten. Und das geschieht gar nicht selten: Allein im 20. Jahrhundert machte der amerikanische Ökonom Steve Hanke von der Johns Hopkins University 56 Episoden von Hyperinflation aus – von Argentinien bis Jugoslawien, von Belarus bis Venezuela.

→ 3. Wie wird Inflation offiziell gemessen?

In den 1970er-Jahren, als die Inflationsraten immer neue Gipfel erklommen, hatte der damalige US-Notenbankpräsident Arthur F. Burns (1904–1987) eine besonders originelle Idee zur Inflationsbekämpfung. Er ließ Produkte mit extrem hohen Preissteigerungen einfach aus dem offiziellen Index nehmen. Mit dieser Maßnahme wurde gleich nach dem Jom-Kippur-Krieg von 1973 begonnen, als sich die Ölpreise in den USA nach dem Embargo des Ölkartells OPEC, der Organisation erdölexportierender Länder, vervierfachten. Dies habe ja nichts mehr mit der Geldpolitik zu tun, argumentierte Burns, also sollten Öl und energiebezogene Produkte (wie etwa Heizöl und Strom) aus dem Verbraucherpreisindex gestrichen werden. Und schon fielen mehr als 11 Prozent daraus unter den Tisch.

Nur wenig später kletterten auf einmal die Lebensmittelpreise steil nach oben, was Burns auf ungewöhnliche Wetterbedingungen rund um das Meeresströmungsphänomen El Niño zurückführte. Wieder, so der Notenbankpräsident, sei die Geldpolitik nicht verantwortlich für steigende Preise bei Düngemitteln und Viehfutter, die ihrerseits die Preise für Fleisch und Geflügel befeuerten. Schon fielen die Lebensmittel mit einem Anteil von 25 Prozent aus dem Index. Und als die Preise für Damenschmuck so sehr anzogen, dass sie inflationsrelevant wurden, sprach Burns von einer »Goldmanie«. Auch die Preise für Mobilheime und Gebrauchtwagen wurden eliminiert, gefolgt von denen für Kinderspielzeug. Was immer zu teuer wurde, flog aus dem Index.

Die Methode Burns hatte einen einfachen Grund: Die Inflationsrate ist für Notenbanken der Erfolgsausweis. Grob gesagt gilt: Je niedriger sie ist, desto erfolgreicher war die Arbeit der Notenbanker. Bei zu hoher Inflationsrate müssen sie sich hingegen kritischen Fragen stellen.

Wie aber sieht das Fieberthermometer aus, mit dem die Notenbanken die Preistemperatur der Wirtschaft messen? Vorweg sei gesagt: Die »richtige« Inflationsrate gibt es nicht. Das fängt schon mit der Frage an, welche Preise als Grundlage für die wirtschaftspolitische Messzahl genommen werden. Erzeugerpreise, also die Preise, welche die Erzeuger für ihre Produkte verlangen, oder Verbraucherpreise? Oder die Großhandelsverkaufspreise, die Preise der von den Großhändlern an Wiederverkäufer, Verarbeiter oder andere Großabnehmer im Inland verkauften Waren.

In Deutschland bieten die Volkswirte des Statistischen Bundesamtes (Destatis) eine Fülle von Preisindizes an: Energie, Nahrungsmittel, Einfuhr, Ausfuhr, Erzeugerpreise für landwirtschaftliche Produkte, gewerbliche Produkte (Inlandsabsatz), Dienstleistungen, Großhandelsverkaufspreise, aber auch Bau- und Immobilienpreise sowie Kaufwerte für baureifes Land.

Die Wahl der maßgeblichen Inflationsrate hat sich schon in der Vergangenheit immer wieder geändert. Vor 1945 war der Index der Großhandelspreise das Inflationsmaß, nach 1945 wurde lange der Preisindex für das Bruttosozialprodukt beachtet, da dieser alle Preise von Gütern und Dienstleistungen umfasst, sofern diese erhoben werden können. Doch dann wurde die Inflationsbeobachtung in den Dienst der Einkommenspolitik gestellt. Seither ist der Verbraucherpreisindex für die Messung der Inflation entscheidend: Er gibt wieder, was der Verbraucher tatsächlich im eigenen Geldbeutel spürt, und wird auch Index der Lebenshaltungskosten genannt. Was uns heute selbstverständlich erscheint, ist in Wirklichkeit die

Folge einer (sozial-)politischen Entscheidung. Die Verbraucherpreise beispielsweise interessieren Unternehmen nicht so sehr, sie setzen sie schließlich selbst fest. Für Firmen sind vielmehr die Preise der Investitions- und Exportgüter wichtig.

Nach der ersten Grundsatzentscheidung »welche Preise?« folgt die nächste: Mit welchem Gewicht sollen die einzelnen Preise in die Inflationsrate eingehen? Um ein realistisches Abbild der Lebenshaltungskosten zu bekommen, muss ein Warenkorb definiert werden, und zwar von Land zu Land anders nach den jeweiligen Verbrauchsgewohnheiten. Während in Thailand Reis einen wichtigen Posten ausmacht, ist der Preis für Kartoffeln unbedeutend. In Deutschland dagegen ist es umgekehrt.

Praktisch sieht das so aus: Der Statistiker schaut sich an, was ein durchschnittlicher Haushalt in Deutschland jährlich alles konsumiert. Das betrifft nicht nur Waren, sondern auch Dienstleistungen, die zunehmend Gewicht im statistischen »Warenkorb« erlangen, der sich aus rund 650 Produkten beider Bereiche zusammensetzt. Diese werden dann nach einem sogenannten Wägungsschema gewichtet. Die wichtigsten Positionen sind Wohnen inklusive Wasser, Strom etc. mit einem Anteil von 32,5 Prozent, Verkehr mit 12,9 Prozent sowie Freizeit, Unterhaltung und Kultur mit 11,3 Prozent. Nahrungsmittel inklusive alkoholischer Getränke und Tabakwaren kommen auf 13,5 Prozent.

Damit veränderte Konsumgewohnheiten und neue Produkte aufgenommen werden können, wird der Warenkorb alle fünf Jahre angepasst. Der Zeitraum wurde eigens weit gefasst, um eine Vergleichbarkeit zu gewährleisten.

Die Preisänderungsrate dieses fiktiven Warenkorbs von Waren und Dienstleistungen ergibt den Verbraucherpreisindex (VPI), gemeinhin Inflationsrate genannt, da das Preisniveau eher steigt als fällt. Sie misst, um wie viel Prozent sich die

Lebenshaltungskosten in den vergangenen zwölf Monaten verändert haben.

Neben dem VPI muss das Statistische Bundesamt aber noch einen zweiten Index berechnen: Die Inflationsrate wird in Europa seit 1997 mit dem Harmonisierten Verbraucherpreisindex (HVPI) gemessen – in, wie der Name schon sagt, harmonisierter Weise, also ähnlich. Zuständig dafür sind die nationalen Notenbanken.

Die Unterschiede zwischen VPI und HVPI beginnen schon mit dem Ansatz: Zunächst wurde die traditionelle Gleichsetzung der Inflationsrate mit den Lebenshaltungskosten aufgelöst. Der HVPI misst ausdrücklich nur noch die Preissteigerungsrate – wie auch immer diese definiert ist; jedenfalls soll niemand mehr auf die Idee kommen, dass sie gleichbedeutend mit den Lebenshaltungskosten ist. Die Gewichtung innerhalb des HVPI wird jedes Jahr überarbeitet. Dadurch soll er aktueller sein. Ein weiterer Unterschied: Der VPI misst den typischen Konsum des Inländers (Inländerkonzept), der HVPI den typischen Konsum im Inland (Inlandskonzept), ausländische Gäste, Besucher und Touristen werden also einbezogen. So werden Ausgaben für Verkehr, Hotels und Restaurants im HVPI stärker gewichtet.

Die praktische Umsetzung ist kompliziert. Alle EU-Länder müssen jeweils für sich nationale Indizes aufbauen. Alle Länder müssen dabei sämtliche Kategorien des »Invididualkonsums« erfassen: Ab einem Anteil von nur 1 Promille an den Gesamtausgaben ist die entsprechende Kategorie dabei. Spötter meinen, dass hier eine nach außen beeindruckende Scheingenauigkeit aufgebaut werden solle, die verhindere, dass die wirklich kritischen Zusammenhänge gesehen würden.

Insgesamt sieht der Warenkorb von Eurostat, dem Statistischen Amt der Europäischen Union, dennoch ähnlich wie der deutsche aus. Nach Wohnen und dem zweiten oben genannten Block (Verkehr, Freizeit, Nahrung) mit einem Anteil von jeweils rund einem Drittel folgen mit je 5 Prozent Einrichtungsgegenstände (Möbel etc.), Gaststätten und Beherbergung (Hotels), Gesundheit, Bekleidung und Schuhe sowie Alkohol und Tabak. Dieser Block kommt somit auf rund 25 Prozent Gesamtanteil. Der Rest ist weniger bedeutend, wobei allerdings der Ausgabenanteil für Bildung mit nur 1 Prozent erschreckend niedrig liegt. Ansonsten werden in statistischer Kleinarbeit unter »Sonstiges« auch »Schwangerschaftstests, Kondome und Ähnliches«, »Kartoffelchips und -sticks« sowie »Ausrüstung für Freizeitpferde und Ponys« en détail erfasst.

Der Trost angesichts mancher statistischer Schiebereien: Die Inflation ist damit nur kurzfristig aufzuhalten. Das musste auch Arthur Burns einsehen. Am Ende hatte er den Verbraucherpreisindex auf 35 Prozent seiner ursprünglichen Kategorien heruntergekürzt. Doch die Preisflut strömte über alle Tricks hinweg und blieb zweistellig. Im Jahr 1975 musste Burns eingestehen, dass die Inflation gesiegt hatte.

→ 4. Was misst die offizielle Inflationsrate nicht?

Tatsächlich: Ganz offiziell sind nicht alle Preise in der EU-Inflationsrate, dem Harmonisierten Verbraucherpreisindex (HVPI), enthalten. Ganze Produktkategorien werden von vornherein nicht erfasst, darunter sind Drogen (na gut, der Schwarzmarkt ist nicht wirklich transparent), Glücksspiel und Lotto (warum eigentlich nicht?), Prostitution (auch Sexarbeiterinnen müssen ihr Entgelt ordnungsgemäß versteuern), Lebensversicherungen und gesetzliche Krankenversicherungsdienstleistungen ebenso wie »Bankdienstleistungen gegen unterstelltes Entgelt«. 2020 fiel dann der Rundfunkbeitrag (als deutsche Eigenheit, die sich nicht zur europäischen Harmonisierung eignet) aus dem HVPI.

Das sind Kleinigkeiten, der wichtigste Kritikpunkt aber ist: Im HVPI werden die Kosten für das selbst genutzte Wohneigentum nicht berücksichtigt. Dafür führt die EU methodische und gesetzliche Gründe an. Eine Immobilie sei nicht nur als Konsum zu sehen, sondern auch als Investition. Schließlich könne sie irgendwann wieder verkauft werden, oft mit Gewinn. Der Verbraucherpreisindex dürfe aber nur Verbrauchskosten enthalten. Zudem sei die Berechnung des Eigenheimvorteils schwierig; er müsse geschätzt werden. Der HVPI dürfe aber nur tatsächlich gezahlte Preise enthalten.

So schwierig ist das Einberechnen des Wohnvorteils aber eigentlich nicht. Der deutsche Verbraucherpreisindex schätzt die Ausgaben der privaten Haushalte für selbst genutztes Wohneigentum anhand des Preisindexes für Nettokaltmiete

(Mietäquivalenzansatz) in Form von »unterstellten Mietzahlungen«. Die Statistiker nehmen an, dass sich die Kosten für das Wohnen im eigenen Haus analog zur Preisentwicklung für Mietobjekte entwickeln.

Ohne Eigentumswohnen fällt somit ein Großteil der Lebenshaltungskosten aus dem Index: Wohnen ist in Form des Mietwohnens (inklusive Wasser, Strom, Gas und anderen Brennstoffen) mit einem Anteil von 32 Prozent am Warenkorb dominant. Die Kosten für den Kauf (inklusive Finanzierung) und den laufenden Erhalt von Immobilien machen oft einen Großteil des Budgets der Verbraucher aus. Rund 70 Prozent der EU-Bürger wohnen durchschnittlich im Eigentum, in Rumänien sind es 96 Prozent, in Deutschland dagegen nur 51 Prozent. Insbesondere in den Ländern der EU-Südzone ist die Eigentumsquote deutlich höher als in Deutschland; berücksichtigt wird dieser Faktor jedoch nicht. Nach einer Berechnung des Leipziger Ökonomen Günter Schnabl wäre die Inflation in Deutschland 0,5 Prozent höher ausgefallen, wenn eigengenutzte Immobilien mit einem Anteil von 15 Prozent in den Index eingerechnet würden. Das Deutsche Institut für Wirtschaftsforschung (DIW) kam sogar zu dem Ergebnis, dass der HVPI seit Jahren durchschnittlich 0,3 Prozentpunkte zu gering ausgefallen ist. Je höher die Wohneigentumsquote, desto größer ist der Effekt. In Spanien beispielsweise wäre die Inflationsrate mit den Kosten für selbst genutztes Wohneigentum sogar durchschnittlich 0,9 Prozentpunkte höher.

Auch in anderer Form werden Wohnimmobilien nicht in der Inflationsrate berücksichtigt: Als Vermögenswert sind die Preise von Immobilien in den letzten 20 Jahren deutlich gestiegen, zum Teil sogar in schwindelerregende Höhen. Für viele Normalverdiener sind sie unerschwinglich geworden. Ebenfalls nicht in die Inflationsrate ein gehen die Aktienkurse, obwohl damit Unternehmen teurer werden. Für Aktien musste man seit 1999 pro Jahr durchschnittlich 7,7 Prozent mehr berappen. Die Einbeziehung von Vermögenswerten ist jedoch nicht ohne Tücken, da diese oft stark schwanken. Bei einem Crash am Immobilien- oder Aktienmarkt würde die Inflationsrate vermutlich auf Jahre ihre Aussagefähigkeit verlieren.

Ein anderer wichtiger und meist kostenträchtiger Bereich wird ebenfalls nicht bei der Inflationsrate berücksichtigt: der öffentliche Sektor. Öffentliche Güter, also Straßen, Infrastruktur, Sicherheit und Bildung, werden gar nicht bepreist, obwohl die Staatsquote, also der Anteil der Staatsausgaben am Bruttoinlandsprodukt, rund 45 Prozent beträgt. Und hier wird viel Geld ausgegeben, nicht nur in der Coronakrise, als die Milliarde die kleinste Recheneinheit war. Noch wichtiger für den Bürger ist der unmittelbare Griff des Staates ins Portemonnaie: Die Steuerlast bleibt bei der Inflationsrate außen vor. Insgesamt ist die Steuerlast der Bürger seit 2000 um rund drei Prozent pro Jahr gestiegen, die gesamten Zahlungen an den Staat (mit Sozialbeiträgen) um gut 2,5 Prozent.

5. Warum ist die gefühlte Inflation fast immer höher als die offizielle Rate?

Der Euro brachte es an den Tag: Nach der Einführung der europäischen Einheitswährung am 1. Januar 2002 hatten viele das Gefühl, dass in den Geschäften und Gaststätten nicht mit dem offiziellen Umtauschkurs von 1,95583 DM je Euro, sondern eher mit 2,00 DM plus X gerechnet wurde. Der Lebensmitteleinkauf, der Restaurantbesuch und der Friseurbesuch wurden sprunghaft teurer. Bei den Speisekarten in den Gaststätten stellte sich der Eindruck ein, dass einfach die DM-Auszeichnung der Preise mit »Euro« überklebt worden war.

Das war nicht nur ein dumpfes Gefühl, sondern ist sogar ökonomisch belegbar. Die gefühlte Inflation, gemessen als Index der wahrgenommenen Inflation (IWI), schoss auf 11 Prozent hoch, während die offizielle Statistik lediglich 2 Prozent auswies. Wie konnte das sein?

Der Grund: Das Statistische Bundesamt errechnet die Inflationsrate jeden Monat aus der Veränderung der Preise Tausender Produkte, darunter auch seltener Anschaffungen wie Computer und Fotoapparate. Für den Bürger ist jedoch entscheidend, wie oft er ein Produkt kauft, weil davon abhängt, wie stark er den Preisanstieg spürt. Also beobachtete er in den ersten Tagen der Euro-Einführung kritisch alle Preise, die von ihm gefordert wurden, und merkte, dass Alltagsprodukte teurer geworden waren, nicht aber, dass die großen Ausgabenposten wie Miete, Versicherungen, Strom, Steuern etc. zum richtigen Kurs umgerechnet wurden.

Für die meisten Bürger ist die Monatsmiete der dickste

Belastungsposten im monatlichen Budget. Da die Bestandsmieten beispielsweise nicht zuletzt aufgrund gesetzlicher Bestimmungen nur selten steigen, stabilisieren sie das amtlich gemessene Preisniveau. Zudem spürt der Bürger mögliche Erhöhungen nicht so sehr, da die Miete meist nur einmal im Monat von seinem Konto abgebucht wird. Anders sieht es dagegen bei Brötchen, Butter und Benzin aus. Werden sie teurer, spüren das die Menschen sofort, da sie häufig nach diesen Produkten greifen.

All diese gefühlten Preisveränderungen gehen in den Index der wahrgenommenen Inflation ein, den der bereits in Kapitel 1 erwähnte Statistiker Hans Wolfgang Brachinger entwickelte. Der wichtigste Unterschied zum amtlichen Preisindex: Er gewichtet die Preise von häufig gekauften Gütern im Warenkorb stärker als andere Preise. Der IWI stellt eine Abschätzung des Inflationsgefühls der Konsumenten dar. Er beschreibt das Teuerungsgeschehen, dem der Durchschnittskäufer in seiner Wahrnehmung täglich ausgesetzt ist.

Zudem berücksichtigt der IWI das Phänomen, dass Menschen dazu neigen, Preiserhöhungen stärker wahrzunehmen als Preissenkungen – eine Art Verlustaversion. Schon allein deshalb liegt die gefühlte Inflation meist über der nüchtern amtlich ermittelten Teuerung.

In Deutschland berechnen heute die Ökonomen der italienischen Großbank Unicredit die gefühlte Inflationsrate. Der Unterschied zwischen der offiziellen und der gefühlten Inflationsrate liegt auch hier in der Gewichtung: Die UniCredit-Experten gewichten die Waren und Dienstleistungen weitaus stärker nach ihrer Kaufhäufigkeit. Preisänderungen bei Waren und Gütern, die mehrmals wöchentlich gekauft oder auch nur wahrgenommen werden (wie etwa Benzin, dessen Preis bei den Tankstellen aushängt), fallen den Verbrauchern mehr auf als veränderte Preise bei Waschmaschinen oder Computern. Folglich haben die besonders sensibel wahrgenommenen Benzinpreise im Warenkorb der UniCredit einen Anteil von 10 Prozent, das ist dreimal so viel wie im Index des Statistischen Bundesamts.

Immerhin führt mittlerweile auch schon die EU-Kommission quartalsweise Umfragen zur wahrgenommenen Inflation bei den Bürgern im Euroraum durch. Ergebnis: Zwischen 2004 und 2020 lag die gefühlte Inflation durchschnittlich fast 5 Prozentpunkte höher als die offizielle.

6. Kann sich eine Inflation auch verstecken?

Im Gegensatz zu der Inflation, die der Konsument täglich an den Preisschildern im Supermarkt sieht, gibt es eine Art der Inflation, die lange unentdeckt bleibt: die verdeckte oder versteckte Inflation. Wie kann sie zustande kommen?

Der häufigste Verursacher einer versteckten Inflation ist der Staat. Bestes Beispiel ist die Coronakrise. Geradezu panisch wurde zum 1. Juli 2020 für sechs Monate die Mehrwertsteuer von 19 auf 16 bzw. 7 auf 5 Prozent gesenkt. Damit sollte die Konjunktur stabilisiert werden. Das führte natürlich nicht nur zu steigenden Gewinnen bei vielen Unternehmen, die die Preise so schnell gar nicht senken konnten oder wollten, sondern oft zu tatsächlich sinkenden Preisen. Nach dem Auslaufen dieser Subvention kam es dann zu einem Preisschub von rund 5 Prozent – ein klassischer Fall von zurückgestauter Inflation. Die Ökonomen sprechen hier von »Überraschungsinflation«, obwohl es gar keine Überraschung war.

Besonders beliebt sind diese Eingriffe der Regierung in staatlich gelenkten Volkswirtschaften. Dort werden beispielsweise die Preise für lebensnotwendige Güter wie Brot oder Benzin künstlich niedrig gehalten. Wenn dazu noch ein Mangel an Gütern entsteht, kommt es zu einer Kassenhaltungsinflation: Das Güterangebot ist im Verhältnis zur Geldmenge zu gering, die Verbraucher haben mehr Geld, als sie wollen. Zudem bilden sich, das auffälligste Kennzeichen einer zurückgestauten Inflation, lange Warteschlangen vor den knappen Gütern – und Schwarzmärkte, auf denen die Knappheitspreise auch gezahlt werden. Der Staat versucht dem oft beizukommen, indem er Bezugsscheine ausgibt – in der Regel vergeblich.

Die gebräuchlichste Methode, eine Inflation zu verstecken, ist die Manipulation an der Statistik. Dann behaupten die Notenbanken, dass die Verbraucherpreisindizes die tatsächliche Inflation überzeichneten. Man benennt Sonderfaktoren und erklärt, dass es sich nur um einen »Inflationsbuckel« handele, der sich bald wieder normalisiere.

Um das Argument zu untermauern, haben die Statistiker schon eine Kennzahl vorbereitet: die Kerninflationsrate. Dies ist der bereinigte Teil des Verbraucherpreisindex, der frei von den Faktoren Lebensmittel und Energie ist. Damit fallen zwei wichtige Ausgabenposten der privaten Haushalte, die jeweils einen Anteil von 10 Prozent an den Ausgaben haben, einfach weg. Zur Begründung heißt es, dass die Preise für Lebensmittel saisonal und je nach Ernte und Wetter schwankten. Die Energiepreise wiederum würden von weltpolitischen Entwicklungen wie Kriegen oder Krisen geprägt. Diese Unwägbarkeiten gelte es zu eliminieren, um die wahre Inflation zu kennen.

Die offizielle Argumentation lässt aber außer Acht, dass es sich bei steigenden Lebensmittelpreisen und noch stärker bei steigenden Energiepreisen oft um langfristige Trends handelt. Aufgrund des Klimawandels ist nicht mit fallenden Lebensmittelpreisen zu rechnen, und wer sich die Umweltpolitik der EU-Staaten ansieht, erkennt sofort, dass die Konsequenz steigende Energiepreise sein werden.

Ein anderes schleichendes inflationäres Gift ist dagegen nach außen nicht erkennbar: die steten Qualitätsänderungen. Theoretisch soll der Preisindex auch diese erfassen. Praktisch arbeitet das Statistische Bundesamt nach eigenen Angaben mit neun verschiedenen Verfahren, um die Preise bei Qualitätsveränderungen anzupassen.

Wenn also das Smartphone eine noch bessere Kamera oder mehr Akkulaufzeit hat, senkt der Statistiker den Preis, obwohl dieser nominell gleich geblieben ist. Klassische Beispiele sind bessere Ausstattungen im Auto (Airbag, Navigationssystem) oder energieeffizientere Geräte. Da Verbesserungen der Produkte häufig mehr Freude in der Marketingabteilung des Produzenten auslösen als beim Kunden, verwenden die Bundesstatistiker bereits seit 2002 hedonische Techniken (nach dem griechischen *hedone*, »Lust« oder »Freude«), mit denen der Kundennutzen erfasst und verglichen wird. Die hedonische Preisanpassung wird auf Gebrauchtwagen und Wohnimmobilien, vor allem aber auf Artikel der IT-Branche wie PCs, Notebooks, Prozessoren, RAM-Speicher oder Smartphones angewandt. Ob allerdings gerade für IT-Artikel der Kundennutzen von Leistungssteigerungen immer gegeben ist, bezweifeln viele, da z. B. der Speicherhunger der Anwendungen stetig zunimmt.

Noch schwieriger zu erfassen sind Qualitätsverschlechterungen. Bessere Features werden von den Unternehmen gerne mitgeteilt, über schlechtere Qualität spricht niemand. Kleinere Verpackungen fallen dem Statistiker noch auf, so der Fall, dass der Toblerone-Riegel auf einmal drei Schoko-Matterhorngipfel weniger hatte: Die Shrinkflation (ein Kofferwort aus dem englischen *shrink*, »schrumpfen«, und Inflation) betrifft aber nicht nur kleinere Tafeln Schokolade, die jedoch immer noch dasselbe kosten wie vorher, sondern auch Produkte, die gewichts- und größenmäßig nicht normiert sind, etwa Brötchen oder Eiskugeln.

Wie wirkt es sich in der Preisstatistik aus, wenn das solide Metallteil in der Waschmaschine auf einmal durch billiges Plastik ersetzt wird? Oder der teure Hopfenanteil im Bier sinkt? Statt Butter auf einmal Margarine im Croissant ist? Auch Dienstleistungen sind davon betroffen: Die Unternehmen versuchen, immer mehr Arbeit an den Kunden abzugeben. Er »darf« seine Daten im Internet selbst eingeben, im Restaurant bestellt er nicht mehr bei der Bedienung, sondern über ein Tablet, im Supermarkt fehlt auf einmal die Fleischtheke, und wer eine Hotline anruft, nimmt sich besser gleich mindestens eine Stunde Zeit.

Auch die Qualität öffentlicher Güter ist diskutabel. Wie werden die Stunden im Verkehrsstau berechnet? Müssen die Verspätungen der Bahn oder die deutlichen Qualitätsverschlechterungen im Komfort der neuen, allerdings scheußlichen ICE4-Züge (deren Spitzname nicht zu Unrecht »ICE eng« lautet) eingerechnet werden? Das geht noch, da die Bahnfahrkarten Preise haben. Aber wie steht es um schlechtere Straßen? Verstopfte Autobahnen? Oder gar die sinkende Verteidigungsbereitschaft der Bundeswehr? Und wie wird besserer Umwelt- und Klimaschutz erfasst? Die Energieumlagen treiben den Strompreis, der CO_2-Preis die Kosten für Benzin und Erdöl. Ist das eine Verbesserung? Die »grüne Inflation« wird hier in den nächsten Jahren noch zu Diskussionen führen.

Fürs Erste gilt es, auf die traditionellen Vorindikatoren einer versteckten Inflation zu schauen. Wenn in Deutschland die Erzeugerpreise stark steigen, bleibt dies meist unbeachtet, da es die Endverbraucher noch nicht berührt. Doch am Ende ist klar, dass angesichts anhaltender Preissteigerungen bei den Erzeugern die Verbraucher irgendwann mehr zahlen müssen. Wer hier aufmerksam ist, ist bei seinen Anlageentscheidungen im Vorteil.

→ 7. Gab es schon immer Inflation?

Kurze Antwort: leider ja. Im Jahr 2015 wurde der Bauer Daniel Loosli aus Ueken im Schweizer Kanton Aargau in seinem Kirschgarten auf ein »grünliches Schimmern« aufmerksam. Vorsichtig begann er, in einem Maulwurfhügel zu graben. Am Ende hatte er 4166 Münzen, insgesamt 15 Kilogramm, aus der späten Römerzeit geborgen – es handelte sich um einen der größten Münzfunde in der Schweiz.

Doch wie kamen die Münzen dorthin? Sie waren einst aus Angst vor der Inflation vergraben worden. Die Münzen aus der Zeit zwischen 260 und 293 n. Chr. wiesen nämlich praktisch keine Gebrauchsspuren auf, waren also gezielt gesammelt und eingelagert worden. Schon damals brachten Münzen in gutem Zustand mehr. Der Besitzer hatte Bronzemünzen mit einem Silbergehalt von 5 Prozent gewählt. Das war viel in der zweiten Hälfte des 3. Jahrhunderts, aber nicht mehr so viel wie noch beim Doppeldenar, einer reinen Silbermünze, die Kaiser Caracalla um das Jahr 214 ausgegeben hatte. Doch dann begann die antike Art der Inflation: Das Geld wurde nach und nach verschlechtert, indem es immer weniger Edelmetall enthielt. Die vergrabenen Münzen waren wie gesagt aus Bronze, nur noch der Überzug war aus Silber. So wurden die Kurantmünzen (deren Metallwert gleich dem aufgeprägten Nominalwert ist) durch Scheidemünzen (deren Nominalwert höher als der Metallwert ist) ersetzt. Münzverschlechterung war ein klassisches Manöver der Regierenden, die meist durch Kriege zu hohe Ausgaben hatten.

Auch auf einem anderen Weg gab es Inflation: durch eine Ausweitung der Zahl der Münzen. Das ging selbst bei konstantem Edelmetallgehalt, etwa wenn überraschende Gold- oder Silberfunde gemacht wurden. Oft erbeuteten die Herrschenden bei ihren Kriegs- und Raubzügen reichlich Gold und Silber. So konnte dann der Krieg refinanziert werden.

Doch schon damals ging eine übermäßige Geldentwertung und Münzverschlechterung in der Regel schief. Hyperinflationen gab es bereits im Weströmischen Reich (von 276 bis 334), nachdem Kaiser Diokletian Münzen mit immer weniger Silber und Gold hatte prägen lassen, und in China (um 1166).

Auch Deutschland hatte eine Inflationszeit vor der Hyperinflation 1923: die große Kipper- und Wipperzeit. Die Münzentwertung vom Beginn des Dreißigjährigen Krieges 1618 bis etwa 1623 war die größte Inflation in der Geschichte des Heiligen Römischen Reiches Deutscher Nation. Sie begann mit einem Systemfehler: Die Münzordnung von 1559 hatte den Silbergehalt der kleinen Münzen wie Groschen, Schillinge, Batzen, Kreuzer, Pfennige und Heller zu hoch angesetzt. Die Münzprägung bescherte den Fürsten somit Verlust, was dazu führte, dass der Silbergehalt stillschweigend verringert wurde. Als mit dem Ausbruch des Dreißigjährigen Krieges die Kriegskosten durch die Decke gingen, wurde einfach der Münzwert weiter verschlechtert. Auf der Jagd nach Edelmetall verfiel man auf die Idee, gezielt nach alten Münzen zu suchen. Scharen von Aufkäufern zogen durch die Lande. Mithilfe einer Waage (Wippe) wurden die werthaltigen Stücke identifiziert und aussortiert (gekippt). Mit ihnen wurden dann neue Münzen mit mehr Kupfer, Zinn oder Blei hergestellt. Irgendwann gab man die Jagd nach Silber ganz auf und prägte offiziell reine Kupfermünzen.

Die so erzeugte Ausweitung der Geldmenge sorgte für einen kurzfristigen Wirtschaftsboom. Doch da alsbald die Preise stiegen, entpuppte sich das neue Geld als zunehmend wertlos. Wer seinen Sold oder Lohn in neuen Münzen bekam, konnte sich bald schon nicht mehr genug zu essen kaufen. Es kam zu Unruhen, besonders in den Städten. Am Ende wurden die neuen Kippermünzen für ungültig erklärt und eingezogen. Das neue Geld wurde nach altem »Schrot und Korn« geprägt, also dem festen Gesamtgewicht (Schrot) und vor allem dem festgesetzten Edelmetall- oder Feingehalt (Korn) der Münze, der ihren Wert bestimmte.

Mit der Erfindung des Papiergeldes wurde die Geldentwertung für Fürsten, Könige und Kaiser noch leichter: Sie mussten einfach nur Geld drucken – und das taten sie auch fleißig. Erst nach dem Zweiten Weltkrieg wurden Inflationen wirksamer bekämpft: Unabhängige Zentralbanken übernahmen diese Aufgabe – ein System, das zumindest in den großen Industrienationen bisher funktioniert hat.

8. Ist Inflation immer schlecht?

Inflation führt zu zusätzlichen Kosten – das ist immer schlecht, findet der Volkswirt.

Bei sehr hohen Inflationen entstehen beispielsweise sogenannte Schuhsohlenkosten. In Zeiten der Hyperinflation ist das Geld schon morgen deutlich weniger wert als heute. Also gingen die Menschen im Jahr 1923 gleich nach der Lohnzahlung (in der Spitze einige Milliarden Mark) mit der Lohntüte zum Einkaufen. Doch die Verkäufer wussten, dass ihre Waren morgen mehr wert sein würden – und dass die Käufer das Papiergeld so schnell wie möglich loswerden mussten. Schuhsohlenkosten entstehen also dadurch, dass jeder seinen Bargeldbestand so gering wie möglich halten will.

Es gibt auch »Speisekartenkosten«: Eine hohe Inflation sorgt ebenfalls dafür, dass die Preise ständig angepasst werden müssen. Am aufwendigsten ist dies bei Restaurants, die ständig gezwungen sind, neue Speisekarten zu drucken. Doch auch andere Unternehmen müssen öfter neu kalkulieren, Preistafeln tauschen, die Zahlen ändern etc.

Das sind die offensichtlichen Kosten der Inflation. Doch es gibt noch mehr, dazu müssen wir einen Blick auf die drei Funktionen des Geldes werfen: Es dient als Rechenmittel, Tausch- und Zahlungsmittel sowie zur Wertaufbewahrung.

Als Rechenmittel macht Geld Preise transparent und vergleichbar und kann den Stand von Schulden anzeigen. Wenn diese Funktion durch Inflation gefährdet ist, kann nicht mehr einfach bilanziert werden. Schon der Vergleich mit den Umsätzen des Vorjahres ist nicht mehr aussagefähig. Die Gewinnkalkulation eines Unternehmens ist nicht mehr seriös möglich, der umsichtige Unternehmenslenker wird Sicherheitsmargen einbauen, also die Preise noch etwas höher setzen. Langfristige Investitionen werden schwerer kalkulierbar. Zumal die Abschreibungen in einem inflationären Umfeld nicht mehr ausreichen, um das eingesetzte Kapital wiederzubeschaffen.

Die Inflation beeinträchtigt auch eine wesentliche Funktion der Preise: die Informations- und Lenkungsfunktion. Theoretisch ist die Allokation, die Zuweisung der Ressourcen in funktionierenden Märkten, effizient. Steigende Nachfrage sorgt für steigende Preise, die signalisieren, dass das Angebot knapp wird. Schon sorgen die Anbieter für ein wachsendes Angebot. Die Marktpreise sind die Indikatoren für die Knappheit der Produktionsmittel in Relation zur Nachfrage in einer Volkswirtschaft. Bei einer hohen Inflation verlieren die Preise ihre Signalwirkung, da die Käufer zum Teil wahllos Geld ausgeben, sodass steigende Preise keineswegs mehr künftige Knappheit signalisieren. Das führt zu Fehlallokation, also Fehlinvestitionen, Arbeitslosigkeit und Wohlstandsverlust. Wer langfristige Verträge schließt, wird hohe Risikoprämien fordern. Dennoch bleibt die Unsicherheit.

Auch über die steuerliche Seite führt eine Inflation zu unerwünschten Kosten. Der Staat wird Scheingewinne, d. h. Gewinne oder Einkünfte, die es ohne Inflation gar nicht gäbe, besteuern. Wenn er dies im System der Steuerprogression tut, zusätzlichen Gewinn und Einkommen mit einem höheren Steuersatz belegt, verschärft er die Wirkung noch. Die kalte Progression führt real zu einer höheren Besteuerung.

Ebenso betroffen sind die Zinsanleger. Bei ihnen wird auch der Anteil des Zinses besteuert, der nur den inflationären Teil betrifft. Oder noch schlimmer, die Steuern fallen sogar an, wenn der Nominalzins nicht einmal die Inflationsrate kompensiert. Wer Vermögenswerte verkauft, muss ebenfalls Scheingewinne versteuern: Der aufgeblasene Verkaufswert ist nur der Inflation zu verdanken, die zusätzlichen Steuern müssen aus der Substanz finanziert werden.

Inflation sorgt für eine Vermögensumverteilung.

Schulden werden real geringer.
Unsolide Staaten lieben Inflation, solide Bürger dagegen hassen sie. Der Grund ist einfach: Durch Inflation wird die Schuldenlast geringer. Das freut hoch verschuldete Staaten, aber natürlich auch den Normalbürger, der einen Kredit laufen hat. Besitzer von Geldvermögen können dagegen zusehen, wie ihr Vermögen dahinschmilzt. Das gilt vor allem, wenn sie ihr Geld nicht rentierlich angelegt haben, zum Beispiel weil sie keine oder nicht genügend Zinsen erhalten.

Sachwertbesitzer werden reicher.
Wer auf Sachwerte gesetzt hat, kann sich über Inflation freuen: Haus- und Wohnungseigentümer verfügen über stabile Werte, die zum Teil noch von der inflationstypischen »Flucht in die Sachwerte« profitieren.

Arbeitnehmer und Rentner werden ärmer.
Unternehmen müssen zwar den Aufwand der Preisanpassungen tragen, aber es lohnt sich: Sie können sich dank flexibler Preise erfolgreich durch die Inflation navigieren. Arbeitnehmer dagegen haben ihren fest vereinbarten Lohn. Unerwartete Inflationsschübe können erst nachträglich in Tarifverhandlungen mühsam korrigiert werden. Noch schlechter ergeht es Rentnern, die als alimentierte Gruppe keine dezidierte Verhandlungsmacht gegenüber ihrer Rentenversicherung darstellen. Sie können nur auf nachträgliche Rentenboni der Politik hoffen, wenn demnächst Wahlen anstehen.

→ 9. Ist Inflation also normal?

Ja, sagt die Mehrheit der Ökonomen (und die Notenbanken sowieso). Es gibt sogar eine »gesunde« Inflation. Richtig gelesen, Geldentwertung kann gesund sein. Soll man sich dies vorstellen als eine Form des sanften Aderlasses der Wirtschaft, nach Art der mittelalterlichen Heilmethode der Quacksalber?

Fast. Die Ökonomen sprechen von der Inflation als Schmiermittel. Steigende Preise sorgen dafür, dass der die Marktwirtschaft lenkende Preismechanismus lebendig bleibt und Preisverzerrungen geglättet werden. Unternehmen können Preise verändern, an neue Trends oder geänderte Strategien anpassen. Verbraucher werden durch einen steten leichten Anstieg der Preise motiviert, ihr Geld auszugeben, da sie künftig mit höheren Preisen rechnen müssen. Vor allem für den Arbeitsmarkt kann eine Inflation heilsam sein, da eine Kürzung von Nominallöhnen praktisch ausgeschlossen ist. Bei positiver Inflation sorgen dann einige Nullrunden bei den Löhnen für eine geräuschlose Anpassung. Inzwischen machen die steten Kostensteigerungen die Unternehmen effizienter und produktiver.

Manche Ökonomen gehen so weit zu behaupten, dass ein gesundes Wirtschaftswachstum mit einer moderaten Inflationsrate einhergehe. Der Mechanismus ist simpel: Mit zunehmendem Wirtschaftswachstum steigt die Nachfrage nach Arbeitskräften, sodass die Löhne steigen. Damit steigt auch die Nachfrage und treibt die Preise. Es entsteht ein positiver, sich selbst verstärkender Zyklus.

Wo aber liegt die gesunde Inflationsrate? Olivier Blanchard, der frühere Chefökonom des Internationalen Währungsfonds (IMF), versetzte die Deutsche Bundesbank 2010 in Angst und Schrecken, als er eine Inflationsrate von rund 4 Prozent empfahl. Dann würden die Nominalzinsen auf 6 bis 7 Prozent steigen. Dies gebe der Notenbank genügend Spielraum für zinspolitische Maßnahmen. Andere Ökonomen halten sogar eine Inflationsrate von bis zu 5 Prozent pro Jahr für normal und nicht bedrohlich für die Wirtschaft. Eine sehr niedrige Inflation signalisiere oft, dass die Wirtschaft in keinem guten Zustand sei. Die Nachfrage nach Gütern und Dienstleistungen sei dann zu gering, das Wirtschaftswachstum bleibe unterhalb seines Potenzials, was auch die Löhne nach unten drücke.

Die Notenbanken haben die Idee der gesunden Inflationsrate schon übernommen. Lange strebte die Europäische Zentralbank (EZB) eine Inflationsrate von »unter, aber nahe 2 %« an – und das obwohl sie laut Statut der »Preisstabilität« verpflichtet ist. Mittlerweile hat sie ein »symmetrisches mittelfristiges Inflationsziel von 2 %« ausgerufen, was bedeutet, dass die Inflation auch mal höher als 2 Prozent ausfallen kann. Auch die weniger auf die Preisstabilität eingeschworene amerikanische Notenbank Fed hält 2 Prozent auf längere Sicht als Kompromiss zwischen Preisstabilität und Minimierung der Arbeitslosigkeit für ideal.

Die EZB geht sogar so weit, in einer leichten Inflation eine Sicherheitsmarge gegen Deflationsrisiken zu sehen. Die Zentralbank brauche etwas Spielraum, da nominale Zinsen nicht unter null fallen könnten und die Zentralbank ja mit ihrer Zinspolitik gegebenenfalls die Nachfrage befeuern müsse. Mittlerweile ist dies nicht mehr ganz korrekt, da die Zinsen (früher unvorstellbar) auch negativ sein können. Richtig ist aber, dass die Zentralbank bei Zinsen an der Nullgrenze mit ihrer Zinspolitik kaum noch etwas erreichen kann.

→ 10. Leiden die Deutschen unter einem Inflationstrauma?

Wohl keine Nation der Welt hat solche Angst um ihr Geld wie die Deutschen. »Aufgrund seiner Geschichte fürchtet Deutschland sich mehr vor der Inflation als vor der Rezession. Im Rest der Welt ist das genau umgekehrt«, spottete vor einiger Zeit der amerikanische Spekulant George Soros (geb. 1930). Eine Hyperinflation und eine Währungsreform haben sich auch noch fast ein Jahrhundert später fest in das kollektive Gedächtnis eingegraben. So ergeben die Umfragen zeit- und inflationsunabhängig immer das gleiche Bild: »Fast die Hälfte der Deutschen hat Angst, durch eine Inflation ihr Geld zu verlieren«, so eine Studie des Meinungsumfrageinstituts TNS Infratest im Auftrag der Allianz Bank im Jahr 2012 (die Inflationsrate betrug damals 1,99 Prozent). In der allgemeinen Hitliste der Ängste steht die Inflation immer weit oben – noch vor der Sorge, im Alter ein Pflegefall oder von einer schweren Krankheit getroffen zu werden. Offenbar wirkt immer noch nach, dass unsere Vorfahren 1923 und 1948 jeweils das gesamte Geldvermögen verloren haben.

Wie kam es zur Hyperinflation nach dem Ersten Weltkrieg? Der erste Schritt wurde gleich nach Kriegsausbruch unternommen: Die Goldbindung der Reichsmark entfiel, die Banknoten waren nicht mehr in Gold eintauschbar. Dadurch wurde der zweite Schritt erst ermöglicht: Um die Kriegsbegeisterung der Bevölkerung nicht zu dämpfen, wurde der Krieg nicht durch höhere Steuern finanziert, sondern durch eine Ausweitung der Geldmenge. Praktisch geschah das durch die Ausgabe von

Kriegsanleihen. Dadurch kam es tendenziell zu einer Übernachfrage nach Gütern und Dienstleistungen und somit zu höherer Inflation. Während des Krieges blieben die Preissteigerungen aber noch gedämpft, vermutlich weil das allgemeine Stimmungsklima weniger zum Geldausgeben reizte. Die Menschen hatten andere Sorgen und horteten das überschüssige Geld lieber. Nach dem Kriegsende kamen jedoch mehrere Faktoren zusammen: An die Siegermächte waren hohe Reparationszahlungen zu leisten, eine große Menge Nahrungsmittel und Rohstoffe musste importiert werden (wobei eine Seeblockade der Alliierten zur Durchsetzung von weiteren Reparationszahlungen die Importe enorm verteuerte), und hohe Sozialausgaben mussten Kriegsleid und -elend lindern. Die Reichsregierung war in der Zwickmühle: Eine restriktive Geldpolitik hätte für eine hohe Arbeitslosigkeit gesorgt, und das hätte in der ohnehin schon explosiven und gewaltsamen politischen Situation vermutlich auch noch zu sozialen Unruhen, Aufständen und vielleicht gar einer Revolution geführt. Also wurde weiter Geld gedruckt, um allen Verpflichtungen nachzukommen.

Die Preise explodierten. Verglichen mit dem Vorkriegsjahr 1913 verachtfachten sie sich bis Anfang 1920, bis Juli 1922 verfünfzigfachten sie sich gar, und von da an kannten sie kein Halten mehr. Fatal war die Importabhängigkeit. Die Inflation zerrieb den Wert der Mark, die Importkosten stiegen und feuerten die Inflation weiter an. Die Folgen waren katastrophal: Der Geldwert verfiel so schnell, dass die Löhne täglich ausgezahlt und auch tagesgleich ausgegeben wurden (vgl. Kapitel 8). Die Frauen der Arbeiter und Angestellten standen mit Tüten, Taschen, Koffern und Wäschekörben vor den Werktoren, um die Scheine hineinzustopfen und sie anschließend geschwind in die Läden zu tragen. Dort galoppierten die Preise weiter. Bald stiegen die verzweifelten Händler auf reine Tauschgeschäfte gegen Lebensmittel oder Kohle um – oder sie schlossen ihre Geschäfte ganz. Es machte keinen Sinn, Waren gegen Geld zu verkaufen, das schon am nächsten Tag nichts mehr wert war. Im Wartezimmer eines Berliner Arztes namens Wagner hing folgendes Schild: »Die Patienten werden gebeten, infolge der Kohlennot zur Heizung des Wartezimmers bei jedem Besuch ein Brikett mitzubringen.«

Normales wirtschaftliches Handeln war irrational geworden. In Zahlen lag die Preissteigerung bei 29 500 Prozent pro Monat (!). Das bedeutet, dass täglich jeder Artikel um gut 20 Prozent teurer wurde. Die Regierung sah schließlich im November 1923 keine andere Chance mehr als eine Währungsreform. Die Rentenmark wurde eingeführt und 1924 durch die Reichsmark ersetzt.

Hyperinflation und Währungsreform hatten das soziale Gefüge in Deutschland kräftig durchgerüttelt. Der Mittelstand wurde praktisch enteignet, da er in der Regel vor allem Geldvermögen hatte. Ebenso erlitten die Geschäftsbanken herbe Verluste. Die Arbeitnehmer mussten Einbußen beim Reallohn hinnehmen. Als Inflationsgewinner gingen die Besitzer von Grundeigentum und Produktionsmitteln, also Hauseigentümer und Unternehmen, aus der Krise hervor. Und natürlich der Staat, der auf einmal praktisch schuldenfrei war. Von den Kriegsschulden in Höhe von 154 Milliarden Mark blieben gerade mal 0,15 Rentenmark übrig.

Sehr eindrucksvoll hat insbesondere der österreichische Schriftsteller Stefan Zweig (1881–1942) den »Inflationssabbat der Hexen«, wie er ihn nannte, geschildert. Für 100 Dollar gab es am Kurfürstendamm in Berlin sechsstöckige Häuserreihen zu kaufen und für den früheren Gegenwert einer Schubkarre ganze Fabriken. Nach Zweigs berühmtem Satz aus seinen autobiografischen Erinnerungen »Die Welt von Gestern« (1942) hat nichts »das deutsche Volk ... so hitlerreif gemacht wie die Inflation«.

Ab 1933 schlug das Naziregime dann das nächste Kapitel der deutschen Inflationsgeschichte auf: die zurückgestaute Inflation. Wieder wurde der Krieg durch Kriegsanleihen und den Ankauf von Staatsanleihen durch die Notenbank, also Geldmengenausweitung, finanziert. Die eigentlich notwendige Flutwelle bei den Preisen wurde durch staatliche Interventionen zurückgestaut: Preise und Löhne wurden fixiert, wichtige Güter wie Lebensmittel und Kohle rationiert und über Bezugsscheine vergeben. So wurde die Inflation zumindest bis zum Kriegsende verdrängt, aber natürlich nicht verhindert. 1948 machte eine Währungsreform den notwendigen Schnitt. Für 10 Reichsmark gab es 1 D-Mark. Wieder waren die Geldbesitzer und Sparer weitgehend enteignet. Doch immerhin: Das Wirtschaftswunder der 1950er-Jahre konnte beginnen.

So weit die Geschichte. Den Deutschen wird – vor allem von den anderen EU-Staaten – gerne vorgeworfen, sie litten unter einer Inflationsneurose, die sinnvolle Maßnahmen zur Konjunkturankurbelung und zum Abbau der Arbeitslosigkeit verhindere. Die Deutschen drängten immer auf neue Sparprogramme, stattdessen würden Ausgabenprogramme für Wachstumsimpulse sorgen und vor einem Absturz in Deflation und Depression bewahren.

Wie berechtigt sind die Inflationsängste der Deutschen? Sicher ist, dass Staaten wie Italien, Spanien oder Frankreich keine solch starke Kultur der Geldwertstabilität haben. Italien litt vor Einführung des Euro chronisch unter hohen Inflationsraten, in Frankreich kam es 1960 zu einer kleinen Währungsreform, als zwei Nullen gestrichen wurden und Neue Francs im Verhältnis eins zu hundert die alten Francs ersetzten.

Droht aber deshalb eine Hyperinflation? Nein, das sicher nicht. Die Geschichte hat gezeigt, dass eine Hyperinflation nur möglich ist, wenn die Notenbank direkt die Haushaltsdefizite des Staates finanziert. Das aber ist der EZB verboten.

11. Wie kommt es zur Inflation?

Die freundlichste Form der Inflation ist ohne Zweifel die Nachfrageinflation, auch Nachfragesoginflation genannt. Allen geht es gut, die Wirtschaft floriert, es herrscht Vollbeschäftigung. Nur ein Problem gibt es: Die bereits voll ausgelastete Wirtschaft kann nicht alle Kaufwünsche befriedigen. Da schaltet sich der Marktmechanismus ein: Durch eine Änderung der Preise werden Angebot und Nachfrage wieder ins Gleichgewicht gebracht. Bei einer Überschussnachfrage geschieht dies über Preiserhöhungen. So wird die Nachfrage reduziert, da es nun manchem Käufer zu teuer wird. Das funktioniert auf Ebene der Einzelgüter, aber auch gesamtwirtschaftlich beim Preisniveau.

Mit der Preiserhöhung sind Angebot und Nachfrage erst einmal wieder im Gleichgewicht, doch der Prozess geht weiter. Denn höhere Preise bedeuten bei den Unternehmen höhere Gewinne. Somit hat der Unternehmer mehr Geld in der Tasche, seine Nachfrage nach Investitionsgütern und Arbeitskräften steigt. Durch seine Nachfrage (und die höheren Preise) sehen die Arbeitnehmer ihre Chance, höhere Löhne zu fordern, was der Unternehmer aufgrund seiner höheren Gewinne auch gewähren kann. So steigt die Nachfrage wieder, die Preise ebenfalls, die Lohnforderungen ziehen nach. Dieser zirkuläre Prozess dauert jedoch in der Realität nicht ewig. Entweder kommt ein externer Störfaktor, z. B. ein Nachlassen der Exportnachfrage, ins Spiel, oder aber die Notenbank unterbricht ihn, indem sie den Geldhahn zudreht.

Bei einer Angebotsinflation dagegen, der zweiten Grundform der Inflation, nutzen die Unternehmen ihre Preissetzungsmacht und erhöhen einfach die Preise. Dafür kann es gute Gründe geben: gestiegene Kosten für Produktionsfaktoren wie Arbeit oder Rohstoffe, aber auch höhere Steuern, Mieten und Kredite (Kostendruckinflation) oder schlicht Gewinnmaximierung (Gewinndruckinflation).

Je nach Ausrichtung schlagen sich die volkswirtschaftlichen Theorien der Inflation auf die eine oder andere Seite. John Maynard Keynes (1883–1946) sah die Ursachen der Inflation klar auf der Nachfrageseite. In seiner Schrift »How to Pay for the War?« (1940) beschreibt er aus seiner Sicht den inflationären Prozess. Grundlage ist ein begrenztes Angebot bei Vollbeschäftigung. Wenn die Nachfrage dann dieses Angebot übersteigt, führt sie zu steigenden Preisen, da die Produktion nicht weiter ausgeweitet werden kann. Da bereits Vollbeschäftigung herrscht, fordern die Arbeitnehmer in den Tarifverhandlungen einen Ausgleich für die Preissteigerungen, und sie bekommen ihn auch. So wird ein inflationärer Zirkel in Gang gesetzt.

Für die Inflationsbekämpfung ist wichtig, dass sich die Übernachfrage aus der Summe von privater und staatlicher Nachfrage ergibt. Der Nachfrageüberschuss muss also durch den Staat reduziert werden, indem er seine Ausgaben zurückfährt.

Doch was passiert, wenn Unterbeschäftigung herrscht? Im Keynesianischen Modell müsste dann die Inflationsrate mindestens gegen null gehen, denn es gibt ja keine Übernachfrage mehr. Die ökonomische Wirklichkeit hat jedoch gezeigt, dass dies nicht passiert. Im Gegenteil sorgten externe Preisschocks in den 1970er-Jahren dafür, dass es hohe Inflationsraten bei stagnierender Wirtschaft (Stagflation) gab. Der Staat hatte dagegen kein wirksames Mittel in der Hand.

An diesem Punkt übernahmen die Monetaristen das Ruder.

Sie griffen die alte Theorie auf, dass die Geldmenge die Ursache der Inflation ist. »Inflation ist immer und überall ein rein monetäres Phänomen«, predigte Milton Friedman (1912–2006). Er kritisierte das Keynesianische Bild des instabilen privaten Sektors, der immer wieder der staatlichen Korrektur bedarf. In Wirklichkeit seien der Staat und seine Maßnahmen das Problem: Die staatliche Interventionspolitik habe sich in der Vergangenheit als untauglich erwiesen, um die Inflation und andere wirtschaftliche Probleme wie Arbeitslosigkeit in den Griff zu bekommen. Eines der fundamentalen Probleme sei das Timing: Zwischen dem Erkennen des Problems, der Wahl sowie der Verabschiedung der geeigneten Maßnahmen und dem Wirksamwerden der Maßnahmen im Wirtschaftsprozess werde es immer zu erheblichen und unkalkulierbaren Verzögerungen kommen. Die Maßnahmen kämen immer zu früh oder zu spät, aber nie im richtigen Moment. Daher gebe es nur ein Mittel, so Friedman: Die Inflation muss von vornherein im Griff gehalten werden. Die Preisstabilität bleibt erhalten, wenn die Geldmenge jährlich um einen festen Prozentsatz erhöht wird, der dem Wachstum des Produktionspotenzials entspricht. Das ist für alle Wirtschaftssubjekte verlässlich und berechenbar.

→ 12. Kann sich ein Land gegen eine weltweite Inflation abschotten?

Der Schock war groß, als das Statistische Bundesamt für August 2021 einen Anstieg der Importpreise von 16,5 Prozent zum Vorjahr meldete. Das war der größte Sprung seit 40 Jahren, seit der Ölkrise von 1981. Besonders drastisch war die Explosion der Energiepreise: Erdgas wurde auf einmal 178 Prozent teurer, Strom 136 Prozent, Kohle 118 Prozent. Auch landwirtschaftliche Produkte wie Kaffee waren gut ein Drittel teurer, Getreide ein Viertel.

Zum Glück für die Verbraucher wirken die Einfuhrpreise nicht direkt auf die Preise an der Supermarktkasse, doch für Preisdruck sorgen sie allemal. Und schon begannen sich die Ökonomen wieder um etwas zu sorgen, dass längst passé schien: die importierte Inflation.

In der auf Geldwertstabilität fixierten Bundesrepublik herrschte bis in die 1980er-Jahre hinein die Angst, dass steigende Rohstoffpreise hierzulande die Inflation anschieben könnten. Der Verweis auf eine importierte Inflation wird jedoch gerne zur Rechtfertigung hoher Inflationsraten benutzt. Schon ist die Inflation nicht mehr »hausgemacht«, sondern von externen Faktoren produziert, auf die man ja leider keinen Einfluss hat. Die Argumentationslinie wurde in Deutschland erstmals in der ersten Hälfte der 70er-Jahre aufgebaut: Deutschland sei handelswirtschaftlich eng verwoben mit einer Vielzahl von Staaten, die zum Teil viel höhere Inflationsraten hätten. Von dieser Entwicklung könnten wir uns nicht abkoppeln. Doch dann sorgte der zunehmende internationale Wettbewerb im Zuge der Globalisierung für eher sinkende Preise. Die Zeit der importierten Inflation war vorbei.

Wie überträgt sich die Inflation aus dem Ausland? Das Thema der importierten Inflation ist komplex und somit bestens geeignet, um von der Politik instrumentalisiert zu werden. Theoretisch funktioniert es so: Im Ausland steigen die Preise. Damit steigen im Inland (also bei uns) die Importpreise. Als Reaktion darauf sinken die Importe. Umgekehrt aber können die inländischen Exporteure im Ausland, wo die Preise gestiegen sind, höhere Preise erzielen. Insgesamt sind nun die Preise sowohl für Import- als auch Exportgüter gestiegen.

Bei flexiblen Wechselkursen werden die erhöhten Exportpreise aber durch einen anderen Mechanismus kompensiert: Die Exporteure werden die ausländische Währung in inländische Währung umtauschen (oder die ausländischen Kunden müssen gleich in der inländischen Währung zahlen, also zuvor ihre Währung umtauschen). Somit gibt es auf dem Devisenmarkt ein Überangebot der ausländischen Währung. In der Folge wird die Auslandswährung abgewertet und damit die Preisniveausteigerung im Ausland ausgeglichen. In der Summe wird die ausländische Inflation also nicht importiert.

Ob es importierte Inflation gibt und in welchem Maße, bleibt unter Ökonomen umstritten. Sicher ist, dass die importierte Inflation eine Gefahr für Länder mit schwachen Währungen ist. Dann führt nämlich die Abwertung der heimischen Währung dazu, dass die Importgüter deutlich teurer bezahlt werden müssen. Die Unternehmen geben die Preissteigerung an die Kunden weiter. So nimmt die Inflation weiter Fahrt auf.

Auch Zinsdifferenzen können so zumindest kurzfristig zu importierter Inflation führen: Wenn die Zinsen in den USA höher sind als im Euroraum, tauschen die Anleger ihre Euro-Anlagen in Dollar. Der Euro wird abgewertet, Importgüter und Rohstoffe werden teurer. Es kommt zu einer importierten Inflation, ohne dass im Ausland Inflation herrschen muss. Die Zinspolitik kann natürlich umgekehrt auch zu einer Aufwertung der eigenen Währung genutzt werden, sodass Importgüter und Rohstoffe billiger werden.

Wenn die Politik auf importierte Inflation verweist, dann sollten die Warnlampen angehen. Denn im komplexen außenwirtschaftlichen Zusammenspiel ist es oft die Politik selbst, die diese Art der Inflation erst möglich gemacht hat. Und in den meisten Fällen wurde nur der ohnehin herrschende inländische Inflationsdruck verstärkt. Da hilft der Verweis auf die Schweiz: Dort werden Importgüter wegen des sehr starken Frankens in der Regel eher billiger, die importierte Inflation ist also negativ!

13. Wie wirken Leitzinsen auf die Inflation?

Das hätte sich wohl niemand vorstellen können: Seit März 2016 liegt der Leitzins der Europäischen Zentralbank (EZB) bei null Prozent. Und Geschäftsbanken müssen Strafzinsen von 0,5 Prozent zahlen, wenn sie Geld bei der Notenbank parken.

Der Leitzins ist der Zinssatz, zu dem sich die normalen Geschäftsbanken und Sparkassen bei der Zentralbank Geld leihen können. Er wird von der Zentralbank festgelegt. Der Leitzins ist eines der wichtigsten geldpolitischen Instrumente der Notenbank und beeinflusst nicht nur die Inflation, sondern auch Konjunktur und Währungskurs. In der Eurozone legt die Europäische Zentralbank den Leitzins fest.

Ist vom Leitzins der EZB die Rede, ist in der Regel der Hauptrefinanzierungssatz gemeint. Es gibt aber noch zwei weitere Leitzinsen: den Einlagenzins, zu dem Geschäftsbanken bei der EZB Geld anlegen können, und den Spitzenrefinanzierungszinssatz, zu dem die Banken kurzfristig (»über Nacht«) bei der EZB Geld leihen können.

Schon seit der Wirtschaftskrise 2008 ist der EZB-Leitzins ins Trudeln geraten: Davor bewegte er sich zwischen 2 und 5 Prozent, dann senkte die EZB ihn 2009 auf 1 Prozent und schrittweise noch weiter herunter, bis er im März 2016 die Nullgrenze erreichte.

Der Leitzins wirkt nur indirekt auf die Inflation, und zwar vor allem bremsend. Bei einer zu hohen Inflation kann die Zentralbank die Zinsen erhöhen. Dann müssen die Banken höhere Kreditzinsen fordern, für die Unternehmen werden

Investitionen teurer, für die Verbraucher die Schuldenaufnahme für den Konsum. So wird in der Regel die Konjunktur abkühlen, die Nachfrage sinken und entsprechend das Preisniveau sich nicht weiter erhöhen.

Steigende Zinsen haben jedoch Auswirkungen auf den Währungskurs und die Exporte. Bei hohen EZB-Zinsen ist der Euro für internationale Anleger attraktiver, da es für eine Anlage in Euro höhere Zinsen gibt. Die Nachfrage nach dem Euro zieht an, der Kurs an den Devisenmärkten steigt. Dadurch werden Erzeugnisse aus der Eurozone teurer, die Nachfrage nimmt ab. Exporte nehmen also tendenziell ab und verstärken so die konjunkturelle Abkühlung.

Umgekehrt kann die Zentralbank mit einer Senkung der Leitzinsen die Wirtschaft und die Inflation zu befeuern suchen. Bei niedrigen Zinsen leihen die Banken mehr Geld, geben leichter Kredite, die Nachfrage steigt. Gleichzeitig nimmt die Geldmenge zu. Das treibt in der Regel die Inflation.

Doch garantiert ist dies nicht. Die EZB kann Unternehmen und Verbraucher nicht zwingen, mehr Geld auszugeben. Wenn die Stimmung schlecht ist, hilft meist auch eine Zinssenkung nicht. Dann muss die EZB zu anderen Mitteln greifen.

Dabei hilft ihr die Psychologie: Die Leitzinsen und vor allem Zinsänderungen senden wichtige Signale. So wird jedes Wort der Zentralbankpräsidenten fein abgewogen und an den Börsen unmittelbar interpretiert. Wenn die Zentralbank signalisiert, dass sie die Konjunktur stützen wird, steigen die Börsenkurse meist unmittelbar. Umgekehrt ist die Kommunikation diffiziler: Wenn die Zentralbank Konjunktur und Inflation einbremsen will, äußert sie das meist vorsichtig durch die Blume und dosiert über einen möglichst langen Zeitraum. Das vermeidet Schockwellen an den Börsen und gibt den Finanzmarktteilnehmern Zeit, sich auf die anstehenden Veränderungen einzustellen.

2013 straften die Finanzmärkte den damaligen Fed-Chef Ben Bernanke ab, als er in einer Anhörung beiläufig die Bemerkung fallen ließ, die Fed könnte bei anhaltend positiven Wirtschaftsdaten ihre Wertpapierkäufe allmählich zurückfahren. Die Folge war ein Börsen-Beben, das als »Taper Tantrum« (ein englisches Wortspiel aus *temper tantrum*, »Wutanfall«, und *tapering*, das Zurückfahren der Anleihekäufe) in die Geschichte einging: Die Kurse der Anleihen brachen ein, die Renditen schnellten hoch.

Das Zentralbank-Sprech ist eine hohe Kunst geworden. Ein Zentralbankpräsident ist gut beraten, seine Reden vorab sorgfältig auszuarbeiten – und niemals vom Manuskript abzuweichen.

→ 14. Welchen Einfluss hat die Geldmenge auf die Inflation?

Intuitiv ist der Zusammenhang klar: Wo viel Geld, da hohe Preise. Und wo hohe Preise, da wird mehr Geld gebraucht. Gibt es also einen Zusammenhang zwischen dem Anstieg der Geldmenge und der Inflationsrate? So einfach ist es nicht: Eine immer höhere Geldmenge kann eine ganze Weile lang in der »Liquiditätsfalle« (Keynes) verschwinden. Dann wird sie von den Wirtschaftssubjekten einfach gehortet und so praktisch dem Wirtschaftskreislauf und der Nachfrage, d. h. Konsum oder Investitionen, entzogen.

Die Quantitätstheorie des Geldes geht bis auf den englischen Philosophen John Locke (1632–1704) und den schottischen Philosophen David Hume (1711–1776) zurück. Damals war das Geld noch an Edelmetall gebunden, meist Gold, also begrenzt. Im wirtschaftlichen Gleichgewicht entsprechen die verfügbaren Güter der Menge des verfügbaren Geldes, konkret der Geldmünzen. Steigt nun das Angebot an Waren, werden die Münzen mehr wert, da mit ihnen mehr gekauft werden kann. Steigt umgekehrt die Zahl der Geldmünzen, so gibt es für jedes Gut mehr Münzen. Somit steigen die Güterpreise.

Hume erkannte, dass die Menschen auch ohne einen konkreten Wunsch nach Waren Geld haben wollen. Geld ist immer auch Freiheit, daher haben die Leute es gern im Portemonnaie, um »flüssig« zu sein. Die Frage ist nun, wie schnell das Geld ausgegeben wird. Wenn die Menschen im Schnitt nur alle sechs Monate ihr Geld ausgeben, beträgt die Umlaufgeschwindigkeit 2. Die Geldmenge M mal der Umlaufgeschwindigkeit V entspricht dem Produkt aus der Gütermenge Y und dem Preisniveau P. Das ist die sogenannte Quantitätsgleichung.

Die Ökonomen der Klassik nahmen an, dass die Umlaufgeschwindigkeit des Geldes konstant bleibt. Gemäß der Quantitätsgleichung sorgt somit eine steigende Geldmenge für ein höheres Preisniveau. Verdoppelt sich die Geldmenge, verdoppeln sich demnach auch die Preise. Dafür sorgt der Realkasseneffekt. Wenn sich die Geldmenge erhöht, haben die Menschen auf einmal mehr Geld im Portemonnaie. Die Realkasse ist also größer als erwünscht. Mit dem überschüssigen Geld werden Güter gekauft, das treibt die Preise. Das geht so lange, bis Preise und Geldmenge wieder im Gleichgewicht sind.

Die Umlaufgeschwindigkeit des Geldes steht seither im Zentrum der Debatten der Ökonomen. Die Banking-Schule ging von einer eigenen Nachfrage nach Geld aus, der Amerikaner Irving Fisher (1867–1947) unterschied die Umlaufgeschwindigkeit von Bargeld und Einlagen auf Girokonten. Die einflussreiche Cambridge School of Economics von Alfred Marshall (1842–1924) bis John Maynard Keynes (1883–1946) wies auf die Funktion von Geld als Wertaufbewahrungsmittel hin. Das kann die Umlaufgeschwindigkeit erlahmen lassen, in der Liquiditätsfalle sogar bis auf null.

Die Vertreter der monetären Inflationstheorie (der neuen Quantitätstheorie) rückten dann wieder die Geldmenge in den Fokus: Sie hielten die übermäßige Geldmengenausweitung für die Ursache der Inflation. Einer der prominentesten Vertreter war der kanadische Ökonom Harry Gordon Johnson (1923–1977). Vereinfacht gesagt, entsprach für Johnson die Inflationsrate exakt der Differenz zwischen dem realen Wachstum der Produktion und dem Wachstum der Geldmenge. Allerdings wurde hier der kausale Zusammenhang verdreht: Eine Inflation geht zwar immer mit einer Geldmengenausweitung einher, aber umgekehrt sorgt eine Geldmengenausweitung nicht automatisch für Inflation.

Dennoch hatte die Theorie angesichts der hohen Inflationsraten in den 1970er-Jahren einen kaum zu unterschätzenden politischen Einfluss, da sie ein klares Feindbild (den Staat) und eine klare Handlungsanweisung zur Bekämpfung der Inflation (die Reduktion der Geldmenge) bot.

Den größten praktischen Einfluss auf die heutige Zentralbankpolitik hatte der US-Ökonom Milton Friedman (1912–2006): Er sah, dass hoch verschuldete Staaten dazu neigen, sich durch Inflation ihrer Schulden zu entledigen. Sein Gegenmittel war eine unabhängige Zentralbank, die die Geldmenge mit einer verlässlichen jährlichen Rate wachsen lässt. Diese Regelbindung nimmt die Unsicherheit aus dem Markt, gibt dem System die Möglichkeit, ein dauerhaftes Gleichgewicht zu finden, und sichert gegen kurzfristige Eingriffe oder aktionistische Maßnahmen, die meist misslingen. Am liebsten hätte Friedman die ganze Zentralbank einfach durch einen Computer ersetzt. Heute täte es auch ein Algorithmus, ein Robo-M1 (nach der Geldmenge M1, Bargeldumlauf plus Sichteinlagen). Friedman warnte übrigens insbesondere vor der Idee, durch Inflation Beschäftigung zu sichern. Das geht auf Dauer schief.

In den USA und Großbritannien funktionierte die friedmansche Regelsteuerung in der Praxis allerdings nicht. Die Inflationsraten verhielten sich überhaupt nicht so, wie Friedman prognostiziert hatte. Der Nobelpreisträger Friedrich August von Hayek (1899–1992) hatte schon früh den Punkt erkannt, an dem Friedman sich irrte: Die Geldmenge, die er steuern wollte, ist nicht gleich dem, was als Geld anzusehen ist. Somit liefen die Inflationsraten aus dem Ruder. Der liberale Hayek wunderte sich ohnehin, warum der mit ihm in vielem übereinstimmende Friedman bei der Währung auf eine staatliche Institution setzte. Das kann ja am Ende nur scheitern.

Die Deutsche Bundesbank dagegen folgte der friedmanschen Strategie sehr erfolgreich. Ihre Nachfolgerin, die Europäische Zentralbank, tut sich jedoch mit der Geldmengensteuerung schwer. Das hat auch mit dem veränderten Umfeld zu tun, in dem eine exzessive Kreditvergabe der Banken und der Boom der Finanzinnovationen das Konzept der Geldmengensteuerung kippten. Auf einmal lief die Geldmenge, die für die weitgehend unregulierten Finanzgeschäfte und -innovationen genutzt wurde, aus dem Ruder. Das für Finanzgeschäfte verwendete digitale Geld kursiert ungleich schneller als das Geld für Gütergeschäfte. 2007, im Jahr vor der Pleite der amerikanischen Investmentbank Lehman Brothers am 15. September 2008, belief sich die Summe der von den US-Geschäftsbanken über ihre Konten bei der US-Zentralbank abgewickelten Zahlungen auf fast das 80 000-Fache der Summe ihrer Guthaben bei der Zentralbank. Und zusammen mit dem Bargeldumlauf machen diese den überwiegenden Teil der Zentralbankmenge aus.

Die Zentralbanken resignierten und wandten sich der Inflationsbekämpfung über die Zinspolitik zu. Die Geldmenge wurde nicht mehr beachtet und flutete die Aktien- und Immobilienmärkte. Eine riesige Blase entstand, die 2008 zum Crash und zur Finanzkrise führte.

Obwohl heute klar ist, dass es ein Fehler war, Lehman Brothers in die Insolvenz zu schicken, blieb ein Scherbengericht aus. Die Zentralbanken fanden sich in keynesianischer Position wieder und nahmen sich der Aufgabe der wirtschaftlichen Steuerung mit neuen Mitteln an: Sie kauften Anleihen an, um das Finanzsystem zu stabilisieren. Die Kurse der Anleihen – in der Regel Staatsanleihen – wurden so nach unten abgesichert, die Papiere wurden bei den Zentralbanken als Aktiva verbucht, im Gegenzug erhielten die Geschäftsbanken Liquidität. Die zugeschossene Liquidität sollte in die Unternehmen fließen und so die Wirtschaft stimulieren. Um die Inflation machten sich die Zentralbanken keine Sorgen, im Gegenteil sollte die Geldentwertungsrate nach der Finanzkrise wieder auf ein akzeptables Niveau gesteigert werden.

Mit den Ankaufprogrammen wurde eine neue Epoche der Geldpolitik der Zentralbanken eingeläutet: die Zeit der expansiven Geldmengenpolitik. Die Bilanzsummen der Zentralbanken wurden enorm ausgeweitet. Bei Ausbruch der Finanzkrise belief sich die Bilanzsumme der amerikanischen Notenbank Fed auf knapp 1 Billion Dollar, im Frühjahr 2021 waren es bereits 7 Billionen Dollar. Ähnlich die Entwicklung bei der EZB: Die Bilanzsumme lag noch 2004 unter 1 Billion Euro, im September 2021 waren es 8,24 Billionen Euro. Das Geld wurde mit der Gießkanne auf dem Anleihenmarkt verteilt: Erst wurden die Anleihen der hoch oder sogar überverschuldeten Staaten aufgekauft und so gestützt, dann kamen Unternehmen aller Couleur ins Portfolio. Ein riskanter Kurs, denn im Gegensatz zu Staaten, die von der EZB mittels Gelddrucken am Leben gehalten werden können, ist eine Pleite bei Unternehmen gelegentlich unvermeidlich. Ob der riskante Kurs gut geht, ist unklar. Ebenso unklar ist, wie das überschüssige Geld jemals wieder eingesammelt werden kann.

15. Wie groß ist der Einfluss der Energiepreise auf die Inflation?

Früher war der Brotpreis die Maßgabe für das Preisgefühl der Bevölkerung, heute ist es der Benzinpreis: Für jeden Autofahrer ist er an den Tankstellen ständig aktuell sichtbar. Und wer tankt, tankt meist die gleiche Menge – und wundert sich dann über den unterschiedlichen, sich mittlerweile sogar stündlich ändernden Preis, den er dafür zahlen muss.

Die Preise des konjunkturabhängigen Rohstoffs Öl sind seit jeher hohen Schwankungen unterworfen. Am Anfang der Corona-Pandemie im Frühjahr 2020 waren die Ölspeicher bestens gefüllt, doch die Nachfrage sackte schlagartig weg. Die Produktion aber ließ sich nicht so schnell stoppen. Der Preis für ein Barrel (Fass) Öl fiel auf unter 20 Dollar. Zeitweise zahlten die Produzenten sogar Geld dafür, dass ihnen jemand das Öl abnahm. Sie brauchten Platz.

Im Oktober 2021 aber hatte sich die Lage schon gedreht: Die Unternehmen produzierten wieder, die Menschen flogen und fuhren mit dem Auto. Das Barrel stand wieder bei mehr als 80 Dollar. Allein der Anstieg der Energiepreise sorgte für einen Prozentpunkt mehr Inflation. Denn die Energiepreise machen 10 Prozent der Ausgaben der deutschen Verbraucher aus, hinzu kommen Multiplikatoreffekte, da Unternehmen ihre höheren Energiekosten an die Konsumenten weitergeben.

Gleichwohl scheint es mit den Energiepreisen ähnlich zu sein wie mit der Hyperinflation 1923: Sprunghaft steigende Ölpreise reaktivieren bei den Deutschen ein nationales Trauma, die Ölkrise im Herbst 1973. Damals gab es vier autofreie Sonntage: Der Totensonntag am 25. November blieb autofrei, ebenso die Sonntage am 2., 9. und 16. Dezember. Die Bilder der leeren Autobahnen sind seither fester Bestandteil des kollektiven Gedächtnisses: Statt nobler Karossen und solider Volkswagen bevölkerten Spaziergänger und Fahrradfahrer die Autobahnen, Pferdekutschen rollten durch die Städte. Und im grenznahen bayerischen Freilassing schoben Skifahrer ihre Autos über die österreichische Grenze, um dann zum Skilift zu brausen. Dass es gleichzeitig an allen anderen Tagen ein Tempolimit von 100 Stundenkilometern auf Autobahnen und 80 auf Landstraßen gab, wurde übrigens vom traumatisierten Gedächtnis bis heute völlig verdrängt.

Anlass der Ölkrise war ein erneuter Krieg im Nahen Osten: Am heiligen Versöhnungsfest der Juden, Jom Kippur, griffen Ägypter und Syrer am 6. Oktober 1973 Israel an. Die westlichen Großmächte konnten schnell Frieden stiften, Ende Oktober wurde ein Waffenstillstand geschlossen, der fortan von UN-Friedenstruppen kontrolliert wurde. Doch die zehn arabischen Ölstaaten, die über 60 Prozent der bekannten Erdölvorräte weltweit verfügten, verhängten am 17. Oktober ein Ölembargo gegen die USA, die stets israelfreundlich agierten, und die Niederlande, deren Hafen Rotterdam das wichtigste Handelszentrum für den Import von Erdöl nach Europa war. Gleichzeitig kündigte die OPEC, die Organisation der erdölexportierenden Länder, an, die Ölförderung um monatlich 5 Prozent zu drosseln.

Die Folge war ein weltweiter »Ölpreisschock«. In Deutschland stieg der Preis je Liter Benzin um 36 Prozent, der Preis für leichtes Heizöl vervielfachte sich von 12 auf 70 Pfennig je Liter. Kuriose Folge: Der Benzindiebstahl nahm zu, auffällig viele Vergiftete fluteten die Notaufnahmen, denn bevor das Benzin aus einem Tank floss, musste der Dieb erst einmal am Schlauch saugen. Der vorher kaum gefragte abschließbare Tankdeckel wurde plötzlich zum Verkaufsschlager.

Auch gesamtwirtschaftlich waren die Folgen einschneidend. Der Preis je Barrel Erdöl stieg trotz einer Dollarabwertung von 1973 bis 1974 um mehr als 170 Prozent. Insgesamt musste die Bundesrepublik 1974 für Ölimporte rund 150 Prozent mehr ausgeben als noch im Vorjahr, die Gesamtsumme betrug 23 Milliarden DM. Und Unternehmen mussten ihre Produktion einschränken: Die Industrieproduktion sank um 7,6 Prozent, in der Autoindustrie sogar um 18 Prozent.

Nun kam die Lohn-Preis-Spirale in Gang: Die Gewerkschaft Öffentliche Dienste, Transport und Verkehr (ÖTV), Vorgängerin von Verdi, streikte. In den Straßen türmten sich Müllberge, an den Flughäfen herrschte Chaos.

Deutschlands Wirtschaftswunder war vorbei. Die Krise hatte begonnen: Eine Phase der Stagflation nahm ihren Anfang: steigende Preise, stagnierende Wirtschaft, hohe Arbeitslosigkeit. Das Bruttosozialprodukt drehte sich von einem Plus von 5,3 Prozent 1973 über eine Stagnation 1974 auf ein Minus von 1,8 Prozent 1975. Nach der Ölkrise begann übrigens die erste Energiewende: Im Dezember 1973 wurde vom Bundeskabinett ein 6-Milliarden-Investitionsprogramm für den Bau von 40 Kernkraftwerken verabschiedet, Großbritannien und Norwegen verstärkten ihre Förderung von Nordseeöl, und die Diskussion um die Umstellung auf Sommerzeit kam auf. Sie wurde dann 1980 eingeführt.

Heizen also Energiepreise die Inflation an? Ja, natürlich tun sie das, wenn sie steigen. Aber umgekehrt können fallende Energiepreise auch entlasten. Allerdings wird die Klimapolitik für mittel- und langfristig steigende Energiepreise sorgen und somit für einen latenten Inflationsherd. Selbst wenn die Energiepreise für sich nur einen Teil der Inflation ausmachen: Als Anstoßeffekte sind sie über das kollektive Trauma und die gefühlte Inflation extrem wirkungsvoll.

→ 16. Sind die Gewerkschaften schuld an der Inflation?

Ja, natürlich sind die Gewerkschaften schuld an der Inflation, aber was sollen sie auch sonst machen? Fangen wir von vorne an: Die Inflation sorgt dafür, dass die Realeinkommen der Lohnempfänger sinken. Dafür möchten sie verständlicherweise einen Ausgleich haben, da sie ja nicht weniger arbeiten als vorher.

Das zeigt schon ein erster Blick auf zwei einschneidende Ereignisse: Anfang 1974 erreichte die Inflation nach dem Ölpreisschock vom Oktober 1973 fast 10 Prozent. Die Gewerkschaften forderten einen Kaufkraftausgleich plus Zuschlag, konkret 15 Prozent. Die öffentlichen Arbeitgeber boten 9,5 Prozent und wollten auf Geheiß von Bundeskanzler Willy Brandt auf jeden Fall eine zweistellige Steigerung vermeiden. Doch die von Heinz Kluncker geführte Gewerkschaft ÖTV ging – wie im vorigen Kapitel bereits angerissen – in einen spektakulären viertägigen Streik der Müllabfuhr (»Bleiben die Arbeitgeber stur, läuft nicht mehr die Müllabfuhr«) und der Straßenbahner. Die Wirtschaftswunderrepublik erlitt einen Schock: Tausende kamen gar nicht oder zu spät zur Arbeit, in den Städten türmte sich der Müll. Am Ende erstritt Kluncker eine Lohnerhöhung von 11 Prozent und trug so nicht unwesentlich zum Sturz von Kanzler Brandt bei, der nach einer Spionage-Affäre am 6. Mai 1974 zurücktrat.

Die tarifgeschichtlich als »Kluncker-Runde« bezeichnete Tariferhöhung setzte eine Lohn-Preis-Spirale in Gang. Der öffentliche Dienst markierte das Tarifziel für die Industriegewerkschaften, die ebenfalls zweistellige Steigerungen durchsetzten. Die Unternehmen konnten die höheren Kosten nicht durch Produktivitätssteigerungen kompensieren und mussten ihre Preise erhöhen, der sogenannte Zweitrundeneffekt. Und so nahm die Inflation erst recht Fahrt auf.

Die Deutsche Bundesbank reagierte und setzte den damaligen Leitzins, den Diskontsatz, zu dem Kreditinstitute Wechsel an die Zentralbank verkaufen (rediskontieren) konnten, von 3 Prozent ab Oktober 1972 stufenweise auf 7 Prozent am 1. Juni 1973 hoch. Auf diesem Niveau verharrte er bis Ende Oktober 1974. Der Tritt auf die geldpolitische Bremse zeigte Wirkung: Die Ära der Vollbeschäftigung war zu Ende, die Arbeitslosigkeit stieg. Die Zahl der Arbeitslosen sprang von 150 000 im Jahr 1970 und immerhin schon 273 000 im Jahr 1973 auf fast 1,2 Millionen im Februar 1975. Die Arbeitslosenquote betrug 4,7 Prozent, das reale Bruttoinlandsprodukt sank 1975 um 0,9 Prozent. Der stärkste Einbruch der Nachkriegszeit ließ die deutsche Wirtschaft in eine Rezession rutschen.

Der Blick auf das Timing der Zinsschritte zeigt aber auch, dass die Gewerkschaften nicht allein schuld waren an der Inflation. Die Grundlagen waren schon vor dem Ölpreisschock gelegt: In den USA hatte Präsident Lyndon B. Johnson (1908–1973) im Mai 1964 ein umfangreiches sozialpolitisches Reformprogramm (»Great Society«) gestartet. Noch teurer war der seit 1955 geführte Vietnamkrieg: 1966 gab die US-Regierung doppelt so viel für diesen Krieg aus wie für soziale Reformprogramme.

Wie so oft führte die Kriegsfinanzierung direkt in die Inflation: Der Krieg wurde im Wesentlichen von der Notenbank Fed finanziert, die in einem großen Ausgabenprogramm Anleihen des Staates kaufte. Die Geldmenge M2 (Bargeld, Sicht-, Spar- und Termineinlagen) wuchs in den 1960er-Jahren um etwa 8 Prozent jährlich – fast doppelt so schnell wie das Produktionspotenzial. Die Teuerungsrate stieg von 1,3 Prozent 1964 auf 5,5 Prozent 1969, als Johnson auf eine weitere Amtszeit verzichtete.

Die Liquiditätsflut setzte den Wechselkurs des Dollar, der wichtigsten Reservewährung der Welt, unter Druck. Im Festkurssystem von Bretton Woods wurde die Tauschgarantie von Dollar in Gold erst zweifelhaft, 1971 dann schließlich aufgegeben. Der Wechselkurs geriet unter Druck, die Anleger flohen in die unterbewertete D-Mark und sorgten so für eine steigende Geldmenge in der Bundesrepublik. Schon vor dem Ölpreisschock war die Inflationsrate von 1,6 Prozent 1968 auf 5,4 Prozent 1972 gestiegen.

Anfang der 1990er-Jahre stand ebenfalls eine Liquiditätsflut am Anfang einer Inflationswelle. Mit der Einführung der D-Mark wurden Löhne und Gehälter in Ostdeutschland im Verhältnis eins zu eins auf D-Mark umgestellt; das Lohnniveau wurde somit auf ein Drittel des Westniveaus gesetzt. Für Sparguthaben und Kredite galt ein Tauschverhältnis von zwei zu eins. Durch das großzügige Umtauschverhältnis war die Geldmenge in der DDR auf einen Schlag um etwa die Hälfte höher, als die Bundesbank in einer Studie empfohlen hatte. Und diese Geldmenge wurde in einem nach 45 Jahren Mangelwirtschaft verständlichen Konsumrausch unter die Leute gebracht.

Zusätzlich forderten die ostdeutschen Gewerkschaften deutliche Lohnsteigerungen, da der Abstand zu den Westlöhnen weiterhin groß blieb. Der Hinweis auf den Produktionsunterschied half nicht. Die meisten ostdeutschen Betriebe waren noch nicht privatisiert und standen unter Verwaltung der Treuhand, die aber nur für den Verkauf und Verlustausgleich zuständig war, nicht für die Tarifverhandlungen.

Das ostdeutsche Konsumgeld sorgte nach dem Zweiten Golfkrieg von 1990/91 für einen Wiedervereinigungsboom, aber auch für eine kräftige Teuerungswelle. 1992 betrug die

Inflationsrate 5,1 Prozent. Die westdeutschen Gewerkschaften wollten – auch mit Blick auf die Abschlüsse ihrer ostdeutschen Kollegen – darunter bleiben. Die Gewerkschaft ÖTV ging mit einer Forderung von 9,5 Prozent mehr Lohn und 500 DM mehr Urlaubsgeld in die Verhandlungen. Die Arbeitgeber boten nur 3,5 Prozent, später 4,8 Prozent.

Die Folge war ein elf Tage dauernder Streik im April und Mai 1992. Betroffen waren vor allem die Postämter, bei denen sich Briefe und Pakete stapelten, aber auch Bahn und Lufthansa. Doch im Gegensatz zu 1974 blieb der Abschluss unter den Erwartungen: Die damals 1,8 Millionen Angestellten und Arbeiter des öffentlichen Dienstes bei Bund, Ländern und Gemeinden erhielten 5,4 Prozent mehr Lohn und Gehalt und 200 DM mehr Urlaubsgeld.

Dennoch sah sich die Bundesbank gezwungen, den Diskontsatz von 3 Prozent Mitte 1988 auf 8,75 Prozent im Juli 1992 zu erhöhen. So wurde der Wirtschaft das Geld entzogen, es kam zu einer Rezession und einem Absinken der Inflationsrate. Mitte der 90er-Jahre lag sie wieder unter der Marke von 2 Prozent.

Dass sich die Gewerkschaften an der Preissteigerungsrate orientieren, ist normal: Vergleicht man Inflationsrate und Lohnentwicklung seit 1970, so haben stark steigende Preise stets deutliche Lohnerhöhungen nach sich gezogen, wie das arbeitgebernahe Institut der deutschen Wirtschaft (IW) ermittelte. Allerdings reagierten die Gewerkschaften in den 90er-Jahren verzögert auf die Rezession und beharrten weiter auf kräftigen Lohnzuwächsen.

Nur: Heute ist vieles anders. Die Gewerkschaften verfügen bei Weitem nicht mehr über die Macht der Wendezeit. In den beiden größten Branchen Chemie und Metall mögen die Arbeitnehmer noch über Schlagkraft verfügen, im Einzelhandel und in anderen Dienstleistungsbranchen ist der Einfluss der Gewerkschaften gering. Dafür fehlen dort Arbeitskräfte, sodass die Arbeitgeber mit höheren Löhnen locken müssen. So bewegen sich die Löhne zwischen Angebot und Nachfrage, Produktivitätszuwächsen und Inflation – und sind doch nie allein verantwortlich für die Inflation, sondern folgen ihr nur.

Einzig wenn die Lohnanpassung automatisiert wird, können Löhne die Inflationsrate befeuern. Legendär ist die »Scala mobile« in Italien (wörtlich »Rolltreppe«), eine Klausel, die seit 1975 eine »gleitende«, sprich automatische Anpassung der Löhne an die Inflation vorsah. In ähnlicher Form gab es sie als »Échelle mobile des salaires« von 1952 bis 1982 auch in Frankreich. In Italien wurden die Löhne vierteljährlich (!) an die Preisentwicklung angepasst, seit 1979 auch die Saläre der Beamten und Angestellten im öffentlichen Dienst. Die sich so selbst verstetigende und verstärkende Inflation (Lohn-Preis-Spirale) drehte die Inflationsrate in Italien bis Anfang der 1980er-Jahre auf über 20 Prozent. Erst danach wurden die Regeln angepasst, sodass die Inflationsrate deutlich gesenkt werden konnte. 1992 fiel die »Scala mobile« der Europäischen Währungsunion zum Opfer.

17. Treibt der Klimawandel die Inflation?

Leider ja. Es ist keineswegs so, als wäre der Klimawandel nur ein Problem der Generation ab 2050. Schon heute treffen die Folgen von Erderwärmung, Dürren, Stürmen etc. die Portemonnaies der Verbraucher.

Im Auftrag von Greenpeace berechneten das Deutsche Institut für Wirtschaftsforschung (DIW) in Berlin und die SOAS University of London in der Studie »Der Preis des Zögerns« vom September 2021 die Folgen der physischen Risiken wie Stürme und Fluten. Die Forscher untersuchten die 227 seit 1996 im heutigen Euroraum eingetretenen Naturkatastrophen und fanden dabei einen signifikanten Zusammenhang zwischen Extremwetterereignissen und der Entwicklung des allgemeinen Preisniveaus: Bei einem Schaden von einem Prozent des Bruttoinlandsprodukts steigt die Inflation annualisiert um 0,376 Prozentpunkte. Solche heftigen Auswirkungen haben aber nur extreme Ereignisse, wie z. B. die Überschwemmungen im Ahrtal. Die Extremwetterereignisse wirken in zwei Richtungen: Unmittelbar zerstören Unwetter beispielsweise die Ernte, was den Preis für Hartweizen (Nudeln!), Kaffee oder andere Güter in die Höhe treibt. Fluten und Stürme zerstören Transportwege von Lastern und Zügen, sodass die Frachtkosten steigen. Gleichzeitig vernichten Naturkatastrophen Vermögen, das von Menschen ebenso wie von Nationen. Die zerstörten Häuser, Straßen oder Bahnstrecken müssen wieder aufgebaut und repariert werden.

Auch wenn man die Greenpeace-Studie als interessengeleitet skeptisch aufnehmen mag: Es ist unstrittig, dass der Klimawandel die größte Herausforderung für die Weltwirtschaft in diesem Jahrhundert ist. Die ersten Auswirkungen können wir durch extreme Wetterereignisse und Überflutungen, die Infrastruktur und Ernten zerstören, bereits spüren. Die Aufheizung der Erde könnte zu Massenmigration führen und die Sicherheit der Industrienationen bedrohen. Es wird steigende Preise für Lebensmittel und Wasser, explodierende Energiekosten, teurere Versicherungen und höhere CO_2-Steuern geben. Steigende Meeresspiegel und höhere Durchschnittstemperaturen könnten nach und nach die bewohnbare Erdoberfläche verringern und so die Kosten für Land in die Höhe treiben.

Eines der größten Probleme ist die zunehmende Trockenheit. Ernten fallen schlechter aus, die Kosten für Wässerung steigen. Waldbrände und Schädlingsbefall sind ebenfalls Folgen der Trockenheit; sie ließen einen Rohstoff wie Holz deutlich knapper und damit teurer werden. In China führte die Trockenheit in den letzten beiden Sommern dazu, dass Wasser knapp wurde. Der Wasserspiegel vieler Talsperren sank unter die kritische Grenze, sodass die Energieerzeugung der Wasserkraftwerke deutlich abnahm. Dadurch mussten zahlreiche Fabriken ihre Produktion drosseln oder gar ganz stoppen. Das führte zu Knappheiten und Preiserhöhungen.

Einziger Hoffnungsschimmer: Der Klimawandel stimuliert auch die menschliche Kreativität. So könnten sich neue Technologien sogar langfristig als förderlich für die wirtschaftliche Aktivität erweisen.

18. Wie werden sich Klimaschutz, Energiewende und Nachhaltigkeit auf die Inflation auswirken?

Ja, die »Grüne Inflation«, neudeutsch Greenflation, wird kommen. Der strukturelle Wandel hin zu einer nachhaltigen, CO_2-freien Wirtschaft wird viel Geld kosten. Traditionelle fossile Energie wie Erdöl, Gas oder Kohle dürfte teurer werden, aber auch Kreuzfahrten auf nachhaltigen Schiffen, der CO_2-reduzierte Containertransport oder Fahrten mit dem Elektroauto. Die Grüne Inflation wird die Kosten für Energie und Rohstoffe anheizen. Besonders betroffen sein werden die Preise für Metalle wie Zinn, Aluminium, Kupfer, Nickel und Kobalt, die für die Energiewende unverzichtbar sind.

Statt die Inflation zu bekämpfen, möchte sich die Europäische Zentralbank künftig ein grünes Mäntelchen umhängen: Sie wolle die Kosten des Klimawandels bei ihrer Geldpolitik stärker berücksichtigen, verkündete EZB-Präsidentin Christine Lagarde zusammen mit der Mitteilung, dass es jetzt ein höheres Inflationsziel von exakt 2 Prozent gebe. Da staunt der Ökonom, denn grüne Geldpolitik ist bisher noch nicht im Lehrbuch beschrieben. Als konkrete Maßnahme absolvieren Europas Banken seit Januar 2022 einen Klimastresstest. Dabei soll geprüft werden, ob die höheren Geschäftsrisiken von Unternehmen mit hohem Kohlenstoffdioxidausstoß berücksichtigt sind. Und »grüne Anleihen« könnten bei der Sicherheitenhinterlegung anders bewertet werden.

Die grüne Welle der Geldpolitik begann im Januar 2020 mit dem Bericht »Grüner Schwan«, in dem die Bank für Internationalen Zahlungsausgleich die Auswirkung des Klimawandels auf Banken und Kreditinstitute aufzeigte. Der Begriff lehnt sich an das Konzept des »Schwarzen Schwans« an, das der Finanzmathematiker Nassim Nicholas Taleb (geb. 1960) nach der Finanzkrise 2008 propagierte: Seltene und nicht vorhersehbare Ereignisse mit extremen Auswirkungen. Taleb bezieht sich auf den einstigen Glauben der Menschen, dass alle Schwäne weiß seien – bis 1697 mit der Entdeckung Australiens der erste schwarze Schwan gesichtet wurde.

Im Gegensatz zum Schwarzen Schwan tritt das Grüne-Schwan-Ereignis nahezu sicher ein. Es ist nur nicht vorherzusehen, wann genau. Grüner-Schwan-Ereignisse sind ihrer Definition nach global. Im Gegensatz zum Schwarzen Schwan treffen sie aber nicht nur Finanzmärkte und Wirtschaft, sondern das komplette menschliche Leben. Die Corona-Pandemie kann als Grüner Schwan gelten, der Klimawandel wird es auch sein. Die geplante Dekarbonisierung der Wirtschaft wird zahlreiche Inflationsfolgen haben, zu Kostensteigerungen führen und wichtige Grundstoffe verknappen.

Für die EZB kommt die »Grünisierung« der Geldpolitik gerade recht. So lässt sich nämlich ein Teil der Inflation rechtfertigen. Die Kerninflationsrate wird also weiter ausgehöhlt. Höhere Energiekosten könnten die Teuerungsrate erhöhen, auch höhere Abgaben auf die Emission klimaschädigender Gase oder sogar EU-Klimazölle auf Importe aus Ländern, die zu viele Abgase produzieren. Logisch: Höhere Preise und Steuern sowie striktere Regulierungen verteuern den Verbrauch traditioneller Energieträger und energieintensiver Produkte. Es ist daher keineswegs abwegig anzunehmen, dass dadurch die Lebenshaltungskosten insgesamt steigen.

Eine Studie des Network for the Greening of the Financial System (NGFS), eines Arbeitskreises von Wissenschaftlern und Notenbankern, prognostizierte, dass die anvisierte Klimaneutralität die Inflationsrate in den 2020er-Jahren um mehr als einen Prozentpunkt nach oben erhöhen wird. Im Vergleich zu den niedrigen Raten im Jahrzehnt von 2010 bis 2019 ist das beinahe eine Verdopplung. Andere Ökonomen sagen, eine um 0,5 oder gar 1 Prozent höhere Inflationsrate sei ja gar nicht schlimm. Dann liege das EZB-Inflationsziel eben bei 2,5 statt 2,0 Prozent. In den drei Jahrzehnten vor der Wiedervereinigung lag die Inflationsrate in Deutschland im Schnitt bei gut 3 Prozent. Das gilt aus heutiger Sicht als Zeit der Preisstabilität.

Psychologisch sind die meisten Menschen bereit, aus Klimaschutzgründen höhere Preise zu akzeptieren. Bei den Anleihen, mit denen Umweltschutz- und andere nachhaltige Projekte finanziert werden (»Grüne Anleihen«) wurde zunächst befürchtet, dass diese höhere Renditen als vergleichbare Anleihen bieten müssen. Doch das Gegenteil trat ein: Viele Anleger sind bereit, auf einen Teil der normalen Rendite zu verzichten, wenn sie dafür sinnvolle Projekte finanzieren.

Die höhere Besteuerung von CO_2 wird einen ökonomischen Mechanismus in Gang setzen, hoffen die Ökonomen: Die höheren Preise für den Verbrauch fossiler Energien seien gerechtfertigt, da hier schädliches Verhalten verteuert wird. Die externen Kosten dieses Verbrauchs, etwa die Klimaerwärmung und der Konsum endlicher Ressourcen, sind bisher nicht im Preis enthalten.

Das ist natürlich richtig, da nur so die Preise als Lenkungsinstrument wieder korrekt funktionieren können. Mit der Besteuerung steigt der Preis für klimaschädliches Verhalten. Verbraucher werden zu Einsparungen bei CO_2-trächtigen Gütern motiviert, und es erhöht sich der Anreiz für Innovationen und klimaneutrale Prozesse.

Die Befürworter der Klimabesteuerung meinen sogar, dass dadurch langfristig die Energiepreise sinken werden. Die Kosten für erneuerbare Energien wie Wind und Sonne würden über die Zeit deutlich abnehmen und diese Ressourcen deutlich günstiger sein als fossile Energieträger. Damit würde die Inflation langfristig sogar sinken. Das mag sein, aber es erinnert an den berühmten Satz von John Maynard Keynes: »Langfristig sind wir alle tot.«

Wahrscheinlich ist folgendes Szenario: Die CO_2- und sonstigen Klimasteuern werden die Energiekosten in den 2020er-Jahren erhöhen; dies wirkt über verschiedene Ketten der Produktion erhöhend auf das allgemeine Preisniveau. Hinzu kommen die erforderlichen Investitionen für die Energiewende, etwa für den Ausbau erneuerbarer Energien, die notwendige Infrastruktur für die Elektromobilität und gegebenenfalls für Wasserstoff. Dies könnte allein im EU-Raum in den nächsten 30 Jahren zwischen 5 und 10 Billionen Euro kosten. Investitionen in solchen Dimensionen werden zu neuen Knappheiten führen und Preise verteuern.

Der klimabedingte Inflationsdruck dürfte jedoch in den Jahren ab 2030 allmählich abnehmen und sich in den Jahren ab 2040 umkehren, da die Investitionen für die Umstellung auf erneuerbare Energien dann getätigt sind. Bei den laufenden Kosten ist die Stromerzeugung durch Wind und Sonne nämlich sehr günstig.

Bis dahin gilt es, den klimatischen Preisdruck auszuhalten, die allgemeine Inflation durch politische Maßnahmen niedrig zu halten – und zu hoffen, dass neue klimaschonende Technologien auf den Markt kommen. Wohlgemerkt, dies ist ein Szenario, keine Vorhersage. Mit vielen Unbekannten. Und großen Risiken.

19. Ist Inflation eine Krankheit, die für Wirtschaft und Staat tödlich enden kann?

Vielen Staatslenkern scheint Inflation ein einfacher Weg, um wirtschaftliche Probleme zu lösen. Die Geldentwertung ist still, schmerzlos, schleichend. In der Regel kann sie einfach eingeleitet werden, ohne Volk oder Parlament befragen zu müssen. Das macht es so einfach und so verlockend.

Doch das Zündeln an der Preisstabilität ist ein Spiel mit dem Feuer. Schon in den Industriestaaten sorgt die kalte Enteignung für Staatsverdruss. Diktaturen haben oft das Problem, dass sie über ohnehin schon wirtschaftlich schwächelnde Strukturen herrschen. Und Besserung ist meist nicht in Sicht, da die autokratisch Regierenden der Wirtschaft nicht die notwendige Freiheit lassen, um sich optimal zu entwickeln.

Von Milton Friedman, dem Nobelpreisträger für Wirtschaftswissenschaften 1976, stammt der berühmte Satz, dass Inflation eine »manchmal tödliche Krankheit« sei, »die eine Gesellschaft zerstören kann, wenn sie nicht rechtzeitig gestoppt wird«. Beispiele sind Simbabwe oder Argentinien.

Gerne wird aber schon bei weitaus harmloseren Inflationsraten das Schreckgespenst von Wirtschaftskrisen oder gar eines Zusammenbruchs des Geldsystems mit anschließender Währungsreform an die Wand gemalt. Und selbst mildere Inflationsraten sorgten für Regierungswechsel: So wurde Margaret Thatcher (1925–2013) 1979 nicht zuletzt deshalb erste britische Premierministerin, weil sie versprach, die damaligen Inflationsraten von bis zu mehr als 25 Prozent zu senken. Das Schreckgespenst der Inflation diente ihr als Rechtfertigung für die teils drakonischen Eingriffe in sozialstaatliche Systeme und dafür, die Macht der Gewerkschaften zu brechen.

Besonders attraktiv scheint es, sich der Staatsschulden per Inflation zu entledigen. Schon fünf Jahre lang 10 Prozent Inflation reichen, um die Schuldenlast real um 40 Prozent zu senken. Damit kommt man dem Ideal der Zentralbanker, einer Staatsverschuldung von 30 bis 40 Prozent des Bruttoinlandsprodukts (BIP), oft schon nahe. Wer es eilig hat, greift zur Schocktherapie: einer Geldentwertung von 20 Prozent für zwei bis drei Jahre. Das kann gelingen, wenn der Staat in dieser Zeit und vor allem danach die Ausgabendisziplin aufrechterhält. Auch die USA hatten immer wieder hohe zweistellige Inflationsraten. Im Sezessionskrieg kam es von 1862 bis 1864 zu einer Inflation von 15 bis 20 Prozent. Nach den Weltkriegen zwischen 1917 und 1920 sowie zwischen 1946 und 1948 bewegte sie sich zwischen 10 und 15 Prozent, in der Spitze erreichte sie sogar 20 Prozent. Und dann wieder in den 1970er-Jahren mit 10 bis 15 Prozent. Immer nutzten die Vereinigten Staaten die hohen Inflationsraten zum relativen Schuldenabbau gemessen am BIP. Dazu reicht es, die Ausgaben konstant zu halten und das in Nominalpreisen gemessene BIP einfach steigen zu lassen.

Um die schuldentilgende Wirkung der Inflation zu stärken, können Staaten einfach die Zinsen deckeln. Das taten die USA in den 1940er-Jahren: Die Zinsen der langlaufenden Anleihen wurden kurzerhand auf 2,5 Prozent begrenzt – bei zweistelliger Inflation.

Inflationen haben schon ganze Nationen zerstört. Die Auflösung Jugoslawiens war nicht zuletzt der galoppierenden Inflation von mehr als 1000 Prozent pro Jahr geschuldet. Der Staat bekam die Krise nicht mehr in den Griff, der jugoslawische Dinar verfiel immer stärker. Die Geldentwertung stürzte Zivil- und Militärregierungen in Argentinien, brachte Diktatoren an die Macht.

Mit dem Zusammenbruch des Geldsystems kollabiert das Nervensystem der Marktwirtschaft. Das Geld kann seine wesentlichen Funktionen nicht mehr erfüllen (vgl. Kapitel 8). Zuerst verliert es seine Funktion als Wertaufbewahrungsmittel. Geld dient auch dazu, liquide zu sein: Unerwartete Ausgaben kann der Geldbesitzer per Zahlung regeln, bei günstigen Kaufgelegenheiten schlägt er zu. Die Inflation verteuert nun die Geldhaltung. Bei 5 Prozent Inflation sind 100 Euro in einem Jahr nur noch 95 Euro wert. Daher werden die Wirtschaftssubjekte ihre Liquidität einschränken und versuchen, durch Anlagen in Wertpapiere oder Sachwerte ihre Verluste zu reduzieren oder sogar auszugleichen.

In der nächsten Stufe der Inflation wird das Geld nicht mehr von allen als Tausch- oder Zahlungsmittel akzeptiert. Stattdessen kommt es zum Tausch von Naturalien, oder es etabliert sich eine Ersatzwährung. Der Klassiker ist die Zigarette, die sich während des Zweiten Weltkriegs bis zur Währungsreform 1948 als Zahlungsmittel durchsetzte.

In der dritten Phase der zerstörerischen Inflation wird das Geld als Rechenmittel obsolet. Als Rechenmittel wird Geld überall im Wirtschaftsprozess gebraucht: Es stellt die Vergleichbarkeit zwischen verschiedenen Gütern und Dienstleistungen her, ermöglicht langfristige Kalkulationen. Werden Preisentwicklung und Preisverhältnis unkalkulierbar und schwankend, dann ist die Rechenmittelfunktion des Geldes außer Funktion. Die Wirtschaftsrechnung funktioniert nicht mehr, das Geldsystem ist zusammengebrochen. Hier kann nur noch eine Währungsreform die Wirtschaft retten.

Schon der russische Revolutionär Lenin wusste: »Wer die Kapitalisten vernichten will, muss ihre Währung zerstören.«

20. Kann Inflation die Arbeitslosigkeit senken?

Das Zitat ist berühmt: »Lieber fünf Prozent Inflation als fünf Prozent Arbeitslosigkeit.« Das sagte Helmut Schmidt (1918–2015) im Juli 1972, damals war er gerade zum Finanz- und Wirtschaftsminister ernannt worden, vor Ruhrkumpeln in der Dortmunder Westfalenhalle. Es war Wahlkampf, und natürlich war sein Spruch (korrekt lautet er übrigens: »Fünf Prozent Preisanstieg sind leichter zu ertragen als fünf Prozent Arbeitslosigkeit«) populistisch. Entsprechend sorglos agiert er nach seinem Amtsantritt als Bundeskanzler 1974. Da lag die Inflationsrate bei 7,0 Prozent, acht Jahre später, als Schmidt 1982 durch ein konstruktives Misstrauensvotum gestürzt wurde, verharrte sie immer noch bei 5,2 Prozent.

Die Grundlage für das simple Politikrezept stammt aus der Ökonomenküche. Der neuseeländisch-britische Statistiker und Wirtschaftswissenschaftler Alban William Housego Phillips (1914–1975) entdeckte 1958 den statistischen Zusammenhang zwischen Inflation und Arbeitslosenquote. Dieser wurde in der sogenannten Phillips-Kurve dahingehend interpretiert, dass ein einfacher Trade-off zwischen Inflation und Arbeitslosenquote bestehe. Vereinfacht wird angenommen, dass die Beschäftigungsquote allein oder zumindest weit überwiegend von der gesamtwirtschaftlichen Nachfrage abhängt.

Wohl kaum ein ökonomischer Zusammenhang wurde so schnell und dankbar von der Politik aufgegriffen, besonders in Großbritannien und den USA. Zunächst funktionierte das Rezept in der praktischen Geld- und Fiskalpolitik der 1960er-

Jahre. Doch Anfang der 70er-Jahre begannen gleichzeitig Inflation und Arbeitslosigkeit zu steigen. Von 1,7 Prozent Inflation ging es in den USA zwischen 1965 und 1970 auf 5,9 Prozent hoch, und das war vor dem ersten Ölpreisschock. Die Arbeitslosenrate verharrte mit 4,9 Prozent gegenüber 4,5 Prozent fünf Jahre zuvor trotzdem auf hohem Niveau. Ähnlich in Großbritannien, wo die Inflation bis 1970 auf 6,4 (1965: 4,5) Prozent stieg, die Arbeitslosigkeit auf 2,6 (1,4) Prozent.

Diese simplizistische Sichtweise wurde durch die Realität widerlegt: die Stagflation. Es gab mehr Inflation, aber nicht weniger Arbeitslosigkeit. Statt mit einem stabilen Wachstum und niedrigen Arbeitslosenraten sah sich die Politik mit einer sich beschleunigenden Inflationsspirale konfrontiert.

Über die Ursachen der zunehmenden Wirkungslosigkeit von höherer Inflation zur Belebung der Wirtschaft wurde heftig debattiert. Durchgesetzt hat sich die Erklärung der Monetaristen und Neukeynesianer: Der simple Trade-off zwischen Inflation und Arbeitslosenquote funktioniert nur bei stabilen Inflationserwartungen. Wird die Geldmenge erhöht, um die Arbeitslosigkeit zu bekämpfen, lassen sich die Bürger ein Weilchen täuschen. Sie erliegen der sogenannten Geldillusion. Doch schon bald wissen sie, dass eine höhere Geldmenge zu steigenden Preisen führt. Dann wird die höhere Inflationsrate in den Lohnforderungen antizipiert. Die Inflationserwartung der privaten Haushalte führt zu einer Verschiebung der Phillips-Kurve nach oben: steigende Arbeitslosigkeit auch bei erhöhter Inflation. Die Arbeitslosigkeit kann somit durch geldmengenfinanzierte Konjunkturprogramme nicht mehr reduziert werden; da der Reallohn und damit die Nachfrage gleich bleibt, werden keine neuen Arbeitsplätze geschaffen. Einziger Effekt: Die Inflation bleibt dauerhaft auf dem höheren Niveau.

Die große Gefahr geldmengenfinanzierter Konjunkturprogramme ist, dass der Staat durch stete Wendemanöver sowohl Inflation als auch Arbeitslosigkeit anheizt. Und das geht so: Die Geldmengenexpansion treibt zwar die Inflation, aber die Arbeitslosigkeit verharrt auf einem zu hohen Niveau. Das teure Konjunkturprogramm bleibt zunehmend wirkungslos, die Inflationssorgen der Bürger nehmen zu. Nun tritt der Staat auf die Bremse, vollführt eine Kehrtwende und beginnt mit einer restriktiven Geldpolitik, um die Inflation zu stoppen. Das Ergebnis ist ein Sprung der Arbeitslosigkeit, sodass es zu sozialen Protesten kommt, die dafür sorgen, dass Geldmenge und Inflation wieder hochgefahren werden.

Das Pendeln zwischen verschiedenen Inflationsniveaus verunsichert die privaten Haushalte, die schon aus Skepsis an ihren Erwartungen hoher Inflation festhalten. Aus Sicht der Monetaristen und Angebotstheoretiker ist die entschlossene und zum Teil rücksichtslose Brechung der Inflationserwartungen notwendig, um die Inflation zu reduzieren. Die erfolgreichste Anwenderin des Rezepts war die britische Premierministerin Margaret Thatcher.

Endgültig zerstört wurde der Glaube an die Wirksamkeit aktiver Konjunkturpolitik übrigens von Milton Friedman mit seinem Konzept der »natürlichen Arbeitslosigkeit«. Es gibt eine Form der strukturellen Arbeitslosigkeit durch natürliche Fluktuation, fehlende Mobilität, falsche Qualifikation oder einfach Mangel an Information, die immun gegen aktive Konjunkturpolitik ist. Jeder Versuch, die natürliche Arbeitslosigkeit durch aktive Geld- oder Fiskalpolitik zu reduzieren, ist nicht nur wirkungslos, sondern sogar schädlich. Er führt vor allem zu einer höheren Inflation.

21. Wirkt Inflation wachstumsfördernd oder -hemmend?

Dies ist eine der umstrittensten Fragen der Ökonomie. Wachstumsoptimisten und Wachstumsskeptiker finden gleichermaßen zahlreiche Belege, Beispiele oder gar empirische Studien für ihre These.

Die Wachstumsoptimisten argumentieren, dass bei steigender Inflation die realen Zinskosten abschmelzen. Zugleich steigen die Gewinne, da die Löhne erst verspätet der Preisentwicklung folgen. Es erscheint aber unwahrscheinlich, dass diese Effekte mehr als nur kurzfristiger Natur sind. Verstetigt sich die Inflation, verlieren Kreditgeber und Lohnempfänger die Geldillusion und fordern entsprechende Nachschläge bei Neuabschlüssen oder Kreditverlängerungen. Ein kurzer Inflationsschub kann also wachstumsstimulierend wirken, langfristig wird er jedoch verpuffen.

Interessanterweise unterscheidet sich die Wachstumswirkung von Inflation je nach Umfeld oder Einschätzung: In einer hochkompetitiven Wettbewerbsumgebung drückt Inflation die Gewinne der Unternehmen, da diese Kostensteigerungen nicht einfach weitergeben können. In Oligopolen, wo wenige Anbieter den Markt unter sich aufgeteilt haben, werden dagegen einfach kollektiv die Preise angepasst, um die Gewinnspannen zu sichern oder gar noch auszubauen.

Unterschiedlich ist auch die Wirkung je nachdem, woher die Inflation kommt: Sehen die Unternehmen die Preissteigerung durch Übernachfrage verursacht, hat dies positive Wachstumseffekte. Rühren die Preiserhöhungen dagegen aus

Kostensteigerungen und deren Umwälzung auf die Preise, ist der Wachstumseffekt dämpfend.

Gravierender scheinen die negativen Wachstumseffekte der Inflation. Denn Inflation kostet. Nicht nur mehr Nominalgeld für die gleiche Ware, sondern auch die Kosten für den richtigen Umgang mit ihr. Da sind Preisanpassungen notwendig, die Vermögensanlage muss umstrukturiert, Absatzstrategien müssen neu gestaltet werden etc. All das sorgt für Wohlstandsverluste und eine geringere Produktivität.

Noch wichtiger ist jedoch die hemmende Wirkung auf Investitionen. Wer investieren will, braucht stabile Rahmenbedingungen. Doch eine Inflation ist genau das Gegenteil. Sie ist dynamisch, verändert Erwartungen, sorgt für Unsicherheit, erschwert langfristige Kalkulationen. Infolge der Unsicherheiten und der zudem oft noch schwankenden Inflationsrate geraten auch die Wertpapierkurse in ein stetes Auf und Ab.

Volkswirtschaftliche Theorien sind immer auch ein Produkt ihrer Zeit. Das zeigt sich besonders beim Zusammenhang zwischen Inflation und Wachstum. Die Zeit nach 1945 zeichnete sich fast ein Vierteljahrhundert durch ungewohnt hohes Wachstum bei moderater Inflation aus. Entsprechend fielen die Theorien aus: Die ursprüngliche Phillipskurve (vgl. Kapitel 20) wurde geboren, als Alban W. Phillips 1958 einen Aufsatz veröffentlichte, in dem er eine Korrelation zwischen den durchschnittlichen Nominallohnsteigerungen und der Arbeitslosenquote für die Zeit von 1861 bis 1957 in Großbritannien belegte. Seine These: Je höher die Arbeitslosigkeit, desto niedriger fallen die Nominallohnsteigerungen aus – und umgekehrt. Den Grund sah Phillips einfach in der Verhandlungsmacht der Arbeiter: Bei hoher Arbeitslosigkeit können sie keine großen Lohnerhöhungen durchsetzen.

Sofort griffen andere Ökonomen diesen Gedanken auf und erweiterten ihn: Paul A. Samuelson (1915–2009), Nobelpreisträger 1970, und Robert M. Solow (geb. 1924), Nobelpreisträger 1987, ersetzten die Lohnsteigerung schlicht durch die Inflationsrate. Denn Lohnerhöhungen führen ja zwangsläufig zu Preissteigerungen: Die Unternehmer geben höhere Löhne über Preiserhöhungen an die Kunden weiter. So entstand die »erweiterte Phillips-Kurve«.

Nach der Erfahrung der 1970er-Jahre und den Wohlstandsjahren von Mitte der 1980er-Jahre bis 2007, die von der Fachwelt als »Great Moderation« (»Große Mäßigung«) bezeichnet werden, haben die Wachstumsskeptiker gewonnen. Sogar ein Preisschild gibt es mittlerweile, die Inflation-Wachstum-Beziehung: Als Faustregel gilt, dass eine Inflation in Höhe von 10 Prozent das jährliche Wirtschaftswachstum um 0,5 Prozentpunkte drückt.

→ 22. Trifft die Inflation eher die Armen oder die Reichen?

Ist, wer viel Geld hat, nicht auch von der Inflation mehr betroffen? Einfach weil er mehr Geld ausgibt? Das ist umstritten: Das ifo Institut für Wirtschaftsforschung vermeldet Ende 2021: »Inflation trifft aktuell Reiche stärker als Arme.« Christoph Butterwegge (geb. 1951), emeritierter Politikprofessor in Köln und einer der bekanntesten Armutsforscher, widersprach heftig, es sei »perfide und paradox«, Reiche zu Opfern der Inflation zu erklären.

Wer hat nun recht? Sicher ist, dass man mit Moral nicht weiterkommt. Eher schon mit einer Betrachtung des Warenkorbs: Die Güter und Dienstleistungen, die ein Haushalt mit einem monatlichen Nettoeinkommen von 5000 Euro kauft, sind anders als bei Haushalten, die weniger als 1300 Euro verdienen. Reiche kaufen mehr und teurere Autos, und sie tanken öfter. Damit waren sie 2021 von den stark gestiegenen Energiepreisen mehr betroffen. Insgesamt betrug ihre Inflationsrate 4,8 Prozent gegen 4,0 Prozent bei den ärmeren Haushalten. Letztere müssen für ihren Warenkorb monatlich 19 Euro mehr ausgeben als 2019, die reichsten Haushalte 111 Euro.

Hier bestätigt sich das Engelsche Gesetz, benannt nach dem Statistiker Ernst Engel (1821–1896), der 1881 schrieb: »Je geringer die Einnahmen sind, einen desto größeren Procentsatz hiervon nimmt überhaupt die physische Erhaltung in Anspruch und ein umso kleinerer bleibt für die Geistespflege, die Seelsorge, den Rechtsschutz, die Vor- und Fürsorge u. s. w. übrig.«

Die Folgen der Inflation treffen die ärmeren Haushalte hart: Sie müssen ihren Konsum stärker einschränken, da sie keine Mehrausgaben schultern können. Sie haben keine Reserven, weil sie ihr monatliches Einkommen ohnehin vollständig ausgeben, so die ifo-Forscher. Geldvermögen ist in der Regel nicht da, und die Verschuldungsmöglichkeiten sind begrenzt.

Hier setzt Butterwegge an: Bei den ärmeren Haushalten wird alles für Lebensmittel, Miete und Heizen verbraucht. Vor allem unerwartete Inflation schlägt bei ihnen voll durch, mindert die Kaufkraft, da ihre Einkommen nicht so stark steigen wie die Lebenshaltungskosten. Ihnen bleibt nur, zu verzichten und ihren Konsum einzuschränken.

Die Reichen haben dagegen meist Vermögen. Wenn es altes Geld ist, also bereits über Generationen aufgebaut wurde, besteht es in der Regel zu einem großen Teil aus Sachwerten wie Immobilien oder Unternehmensbeteiligungen. Diese Sachwerte haben durch die expansive Geldpolitik der EZB seit 2009 einen Boom erlebt, der die höheren Lebenshaltungskosten mehr als ausgleicht. Reichere verfügen meist über Wohneigentum, das ebenfalls im Wert gestiegen ist und sie zudem unabhängig von Mieterhöhungen macht. Der Vermögenseffekt benachteiligt die ärmeren Haushalte weiter: Ihr Erspartes liegt meist auf Konten oder Sparbüchern, die schon seit Jahren keine nennenswerten Zinsen mehr bringen.

Der Frankfurter Finanzwissenschaftler Alfons Weichenrieder (geb. 1964) hat untersucht, wie sich die Verbraucherpreise zwischen 2001 und 2015 in 25 EU-Ländern entwickelt haben. Das Ergebnis für Deutschland: Die Warenkörbe der unteren 10 Prozent Einkommensschicht haben sich in diesem Zeitraum etwa 4,5 Prozent stärker verteuert als die Warenkörbe der oberen 10 Prozent Einkommensschicht. Eine Packung Butter wurde also relativ teurer als ein Porsche.

→ 23. Wer sind die Inflationsverlierer?

Ein alter Witz lautet, das Schönste an einer Inflation sei, dass es auf einmal viel mehr Millionäre gebe. Aber was nützt es ihnen? Volle Brieftasche, leere Einkaufstüten. Die Inflation ist ein übles Spiel, das leider überwiegend Verlierer kennt. »Die Inflation ist die Mutter der Arbeitslosigkeit und eine unsichtbare Diebin bei denjenigen, die ihr Geld gespart haben«, sagte die britische Premierministerin Margaret Thatcher, wohl eine der entschiedensten Kämpferinnen gegen die Geldentwertung.

Die Inflation trifft die breite Masse und sorgt für eine Umverteilung der Kaufkraft von vielen auf wenige. Sie wirkt wie eine Steuer auf Einkommen und Vermögen – und wird doch nie offiziell erhoben. »Inflation is taxation without legislation«, brachte es Milton Friedman auf den Punkt.

Schon bei einer normalen Inflation kommt es zu erheblichen Umverteilungen. Grund dafür ist die zeitliche Lücke, die zwischen dem erstmaligen Auftreten der Geldentwertung und dem finanziellen Ausgleich entsteht. Die Zeitlücke (englisch *time gap*) entsteht bei Löhnen, Zinsen und Renten. Die Arbeitnehmer, Zinsanleger und Gläubiger sowie Rentner und staatlichen Transferempfänger sind in der Regel die größten Verlierer einer Inflation. Sie alle verlieren Kaufkraft, also Realeinkommen.

Sehen wir uns das bei den Lohn- und Gehaltsempfängern an. Bei ihnen kommt es zu einer Lohnlücke (*wage lag*). Die Lohnerhöhungen folgen nur zeitverzögert einer erstmalig auftretenden oder sich plötzlich erhöhenden Inflation. Tarifverträge werden immer mit einer bestimmten Laufzeit abgeschlossen. Erst nach Ablauf dieser Frist können die Arbeitnehmer erhöhte Lohnsteigerungen durchsetzen. Das tun sie dann natürlich auch, weshalb häufig die gefürchtete Lohn-Preis-Spirale in Gang kommt, die die Inflation weiter anheizt.

Ähnlich ist die Lage bei Rentnern und staatlichen Transferempfängern wie Sozialhilfe- oder Bafög-Empfängern. Auch sie müssen zunächst eine Zeitlücke hinnehmen, bis Rente oder Transfereinkommen an die gestiegene Inflation angepasst werden. Hier liegt es in der Hand des Staates, inwieweit er die Renten und Transfers anpassen möchte. Da Renten und Transfers im Gegensatz zu den Löhnen nicht regelmäßig neu verhandelt werden, haben Rentner und Transferempfänger deutlich weniger Verhandlungs- und Marktmacht. Sie können nur als Wählergruppen Druck ausüben. Ob sie einen vollen Inflationsausgleich erzielen, ist fraglich. Ganz und gar der Inflation ausgesetzt sind dagegen Arbeitslosengeldempfänger, bei denen sich das Arbeitslosengeld nach dem vorherigen Lohn bemisst.

Klarste Verlierer der Inflation sind die Geldbesitzer. Wer Bargeld besitzt, erleidet den vollen Verlust. Und der kann erheblich ausfallen. Ein Betrag von 1 000 Euro hat bei einer jährlichen Inflation von 5 Prozent nach fünf Jahren noch eine Kaufkraft von 783,53 Euro, nach zehn Jahren ist er nur noch 613,91 Euro wert.

Wer für sein Geld Zinsen erhält, leidet zunächst unter der Zinslücke: Die Zinsen passen sich (wie die Löhne) erst mit zeitlicher Verzögerung an die erhöhten Preise an. Gläubiger verlieren also erst einmal, Schuldner gewinnen.

Früher profitierten die Zinsanleger vom Fisher-Effekt. Der amerikanische Ökonom Irving Fisher erforschte die Beziehung zwischen Inflation und Zinsen. Nach der Fisher-Gleichung entspricht der Nominalzinssatz der Summe aus Realzinssatz und Inflationsrate. Noch wichtiger ist aber der Fisher-Effekt: Die Beziehung zwischen Nominalzins und Inflationsrate ist eins zu eins. Das bedeutet, dass eine höhere Inflationsrate sich in gleichem Maße im Nominalzins auswirkt. Und umgekehrt: Steigt der Nominalzins um 1 Prozent, dann erhöht sich die Inflation um 1 Prozent. Für Fisher ist der Realzins bestimmend. Er ist der Zinssatz, der die Nachfrage nach Investitionsgütern und die Ersparnis zum Ausgleich bringt. Um den Realzins herum wirbelt das monetäre Geschehen, in dem sich die Variablen gegenseitig beeinflussen, ohne aber den Realzins zu verändern. Der Fisher-Effekt ist für Deutschland zwischen 1992 und 2010 eindeutig nachweisbar: Die sinkende Inflation führte zu einem niedrigen Nominalzinssatz. Seit der Finanzkrise 2008 allerdings wurde der Fisher-Zusammenhang durch die expansive Geldpolitik zerstört. Seit 2015 hat sich die Beziehung sogar verdreht: Die Inflationsrate liegt höher als der Nominalzinssatz.

Am meisten von Inflation und besonders von Inflationssprüngen betroffen sind die Besitzer von Sparguthaben oder Kapitallebensversicherungen. Diese Guthaben werden durch die Inflation unmittelbar entwertet. Vielfach bietet zwar der Zins einen Ausgleich, doch in Zeiten von Null- oder sogar negativen Zinsen wirkt die Inflation wie eine Vermögensteuer.

Ähnlich hart trifft die Inflation den Realwert des deutschen Nettoauslandsvermögens, die Differenz zwischen den Forderungen der Inländer gegenüber dem Ausland und den Forderungen der Ausländer gegenüber dem Inland. Im 3. Quartal 2021 lag das deutsche Nettoauslandsvermögen bei 2,3 Billionen Euro; das entspricht zwei Dritteln des Bruttoinlandsprodukts. Die inländischen Forderungen gegenüber dem Ausland liegen bei 11 Billionen Euro. Ein wesentlicher Teil davon sind Forderungen aus dem internen Verrechnungssystem der europäischen Notenbanken untereinander, die sogenannten Targetsalden in Höhe von 1128 Milliarden Euro, die die Bundesbank als Vermögenswerte (Aktiva) bilanziert.

Die Inflation gefährdet auch die Stabilität des Finanzsektors. Langfristige Festzinskontrakte haben auf einmal ein Realzinsrisiko. Steigt die Inflation weiter? Dann reicht der vereinbarte Zins womöglich nicht mehr aus, um den Kaufkraftverlust auszugleichen. Langfristige Investitionen der Unternehmen werden erschwert, da die Kreditgeber höhere Zinspuffer berechnen müssen. Und für die investierenden Unternehmen steigt das Risiko, da Inflation die Preisverhältnisse ändert. Insgesamt werden langfristige Investitionen daher reduziert.

Die Inflation sorgt für Scheingewinne, die aber wie Realgewinne besteuert werden und so die Investitionen drücken. Scheingewinne entstehen beispielsweise, weil sich die Anschaffungskosten während der Dauer des Produktionsprozesses erhöhen. Beispiel: Ein stahlverarbeitendes Unternehmen kauft im Juni eine Tonne Stahl zu 50 Euro. Im Oktober wird daraus eine Tunnelröhre gefertigt, die für 100 Euro verkauft wird. Der Rohertrag (den wir der Einfachheit halber hier mit dem Gewinn gleichsetzen) beträgt also 50 Euro. In der Zwischenzeit ist jedoch Stahl viel teurer geworden: Die Wiederbeschaffungskosten betragen nun 70 Euro je Tonne. Somit sind von den 50 Euro Gewinn nur 30 Euro nachhaltig, 20 Euro sind dagegen Scheingewinn, der durch inflationäre Preissteigerungen entstanden ist und nicht durch die unternehmerische Aktivität.

Die Besteuerung des Scheingewinns mindert den Unternehmensgewinn und somit den Spielraum für Investitionen. Hinzu kommt, dass die Abschreibungen nicht mehr für eine Ersatzbeschaffung ausreichen, da die Maschine im Abschreibungszeitraum deutlich teurer geworden ist.

Doch nicht nur Unternehmen sind betroffen, sondern auch

Zinsanleger, bei denen nicht der Realzins, sondern der Nominalzins zu versteuern ist. Und sogar der normale Lohn- und Gehaltsempfänger, der über die kalte Progression in einen höheren Steuersatz gerät. Denn das deutsche Steuersystem wird durch die Progression geprägt: Wer mehr verdient, muss mehr zahlen, aber vor allem muss er für den letzten verdienten Euro mehr zahlen als ein Niedrigverdiener. Wer 18 000 Euro verdient, zahlt z. B. 20 Prozent Steuern für die letzten 100 Euro. Das ist der sogenannte Grenzsteuersatz. Bekommt er aufgrund der Inflation eine Lohnerhöhung von 5 Prozent, rutscht er eine Steuerstufe höher und zahlt für die zusätzlichen 900 Euro z. B. 22 Prozent Steuern.

Was oft übersehen wird: Die Inflation der Industrieländer trifft die Entwicklungsländer (heute auch Globaler Süden genannt). Was die Industrieländer exportieren, geht zu einem großen Teil in die Entwicklungsländer. Wenn diese Güter in den Industrieländern teurer werden, steigen die Importgüterpreise für die Entwicklungsländer. Deren Exportgüter dagegen profitieren meist nicht von einer Inflation in den Industrieländern: Sie sind überwiegend Nahrungsmittel und Rohstoffe oder Vorprodukte/Halbwaren. Für diese Güter gibt es Weltmarktpreise, die von Angebot und Nachfrage, also Erntesituation oder Konjunktur in den Nachfrageländern, abhängen. Im Gegensatz zu den OPEC-Staaten, die viele Jahre lang ein Kartell beim Rohölexport bildeten, gelingt die Preisabsprache für diese Güter nicht. Im Gegenteil sind meist die Nachfrager dominierend, in der Regel große Konzerne.

Viel beachtet wurde lange Zeit der Begriff der Terms of Trade, also das reale Austauschverhältnis von Import und Export zwischen einzelnen Staaten oder Handelsblöcken oder auch das Verhältnis zwischen Export- und Importgüterpreisniveau. Viele Jahre lang verschlechterten sich die Terms of Trade für die Entwicklung kontinuierlich. Dieser Trend wurde in letzter Zeit gestoppt, da die Entwicklungsländer von Knappheiten bei Rohstoffen und Lebensmitteln profitieren – und eben die Industrieländer kaum Inflation hatten. In den 1970er-Jahren jedoch, als die Inflationsraten der Industrieländer stark anstiegen, gerieten viele Entwicklungsländer, vor allem aus der damaligen »Vierten Welt«, in Not. Der Versuch, die steigenden Kosten für Importe durch vermehrten Export von Bananen, Kakao, Kaffee oder Zucker zu kompensieren, schlug fehl: Auf dem Weltmarkt kam es zu einem Überangebot und somit zum Preisverfall, der mögliche Mehrerlöse vernichtete.

Insgesamt sorgt eine Inflation für eine enorme Umverteilung. Die Verluste tragen immer die Schwächeren: Die Inflation trifft die breite Masse, die Mittelschicht, die keine große Rücklagen hat, die Festgeld oder andere Zinsanlagen besitzt. Oder Entwicklungsländer, die über keine einzigartigen Exportgüter verfügen.

→ 24. Gibt es auch Inflationsgewinner?

Natürlich, alle Schuldner freuen sich über eine möglichst rasante Geldentwertung. Der überraschend starke Inflationsanstieg in der Eurozone führte im Juli 2021 sogar dazu, dass Schuldenmachen sich lohnte. Die Inflationsrate lag auf einmal klar über dem Zinssatz für Ratenkredite. In Kaufkraft gemessen, mussten also Kreditnehmer weniger zurückzahlen, als sie bekommen hatten. Mit Schulden war Geld zu verdienen. So kam es zu einer der seltenen Situationen, in denen der Realzins – errechnet als Nominalzins minus Inflationsrate – negativ ist.

Grundsätzlich ist es jedoch andersherum: Die Inflation belohnt Schuldner und bestraft Gläubiger. Das ist die klassische Gläubiger-Schuldner-Hypothese. Die Geldentwertung reduziert den realen Wert der Forderungen. Unzweifelhafte Inflationsgewinnler sind daher hoch verschuldete Häuslebauer, viele Start-up-Unternehmen und natürlich alle, die das gemacht haben, was man eigentlich nicht machen sollte: einen Konsumentenkredit aufnehmen. Überdies wirkt sich hier die Null- oder Negativzinsphase der EZB günstig aus und verhilft zu billigem Baugeld und attraktiven Kapitalbeschaffungen. Auch Wohlhabende, die ihr Vermögen gestreut haben, sind auf der Gewinnerseite, besonders wenn sie in Immobilien, Aktien, Gold und andere Sachwerte investiert haben. Kleinere Banken, die über nur wenig eigene Mittel verfügen und sich das benötigte Kapital bei der EZB zinsgünstig beschaffen und dann mit Aufschlag an ihre Kunden weitergeben, zählen ebenfalls zu den Profiteuren der Inflation.

Häufig wird der Staat als größter Inflationsgewinner gesehen. Jedenfalls sofern er hoch verschuldet ist. Ist die Inflationsrate gar höher als der Zins, zu dem er sich Geld geliehen hat, werden die Schulden rasch weniger. In jedem Fall senkt die Inflation die Schuldenquote, da die Inflation das nominale Bruttoinlandsprodukt wachsen lässt. Dadurch sieht der Schuldenstand im Vergleich schon freundlicher aus.

Ob der Staat per Saldo zu den Gewinnern einer Inflation zählt, ist umstritten. Das Institut für Weltwirtschaft (IfW) rechnete vor, dass der Staat durch die Inflation zwar höhere Einnahmen bei der Mehrwertsteuer hat, aber zugleich selbst höhere Preise zahlen muss. Vor allem in den von Preiserhöhungen am meisten betroffenen Bereichen: Jährlich investieren Bund, Länder und Kommunen rund 50 Milliarden Euro in den Bau von Straßen und Gebäuden. Die nicht zuletzt durch die Flucht in Sachwerte stark steigenden Baupreise zahlen aber auch sie.

Noch größer sind die negativen Folgen beim staatlichen Konsum: Auch die Behörden und Ministerien geben jährlich viel Geld aus, sie brauchen neue Büroausstattung, verbrauchen Strom und Heizkosten sowie Treibstoff für Dienstfahrzeuge. Hier muss wegen der hohen Inflation mehr bezahlt werden. Hinzu kommen steigende Löhne, die sowohl die Rechnungen für Handwerker und Dienstleister als auch das Salär für die eigenen Bediensteten steigen lassen. Ebenso müssen die Leistungen für Sozialhilfe und Grundsicherung rgendwann an die Geldentwertung angepasst werden. Unter dem Strich muss der Staat 2021 ein Minus von rund 5 Milliarden Euro verkraften, hat der IfW-Steuerexperte Jens Boysen-Hogrefe berechnet.

Ein anderes Problem hat der Staat auf der Einnahmeseite. Die großen Verbrauchsteuern auf Mineralöl, Strom, Tabak und Alkohol sind Mengensteuern. Die Steuer ist auf einen festen Centbetrag pro Liter, Kilo- oder Megawattstunde, Kilo oder Zigarette beschränkt. Das Steueraufkommen erhöht sich also nicht, wenn die Preise für diese Güter steigen. Daher ist es das Schicksal kleiner Mengensteuern, zu Bagatellsteuern zu werden, die irgendwann abgeschafft werden. So erging es der 1993 gestrichenen Salzsteuer, die 1872 neben den Zöllen noch die wichtigste Steuereinnahme des Deutschen Reichs war. Die 1878 eingeführte Spielkartensteuer entfiel 1981, nachdem sie nur noch acht Millionen DM in die Kassen gespült hatte. Von 1909 bis 1993 gab es auch mal eine Leuchtmittelsteuer auf den Verkauf von Glühlampen.

Für die Einkommensteuer wurde dem Staat bereits vom Bundesverfassungsgericht verordnet, dass er regelmäßig den Grundfreibetrag erhöht, damit das reale Existenzminimum steuerfrei bleibt. Das ist für den Staat teuer, da er damit alle Steuerzahler entlastet. Zusätzlich hat sich die Bundesregierung nun verpflichtet, dem Ärgernis »kalte Progression« zu begegnen, bei der von Inflation verursachte Lohnerhöhungen zu einer steuerlichen Mehrbelastung führen. Hier soll durch eine Verschiebung des Steuertarifs eine Entlastung erreicht werden. Allerdings ist noch nicht klar, ob die Verschiebung ausreicht, da sie in der Regel auf einer Inflationsprognose beruht, die jedoch in der Realität überschritten werden kann.

Die steuerliche Entlastung wird dann besonders teuer für den Staat, wenn die Inflation nicht auf einer erhöhten Nachfrage beruht oder mindestens mit einer starken Wirtschaftsentwicklung und steigenden Einkommen einhergeht. So schlägt eine importierte Inflation durch höhere Preise von Öl, Gas und anderen Importgütern voll durch. Aber der Staat kann sich auch selbst schädigen, wenn er die Inflation mit höheren Abgaben etwa für CO_2 oder Tabak befeuert. Durch die Korrektur der Progression geht ein Teil der Mehreinnahmen wieder verloren. Bei steigenden Löhnen dagegen profitiert der Staat von höheren Beitragseinnahmen für die Sozialversicherungen.

Unter dem Strich ist der Staat nur in einem Fall ein klarer Inflationsgewinner: wenn er seine Ausgaben durch zusätzliche Geldschöpfung finanziert. Das geschah früher durch Münzverschlechterungen (vgl. Kapitel 7), heute über die Notenbank. Die dadurch induzierte Geldentwertung wirkt wie eine Steuer auf alles. In den Industrienationen ist jedoch heute die Notenbank zumindest formal mehr oder weniger unabhängig. Dennoch müssen die Währungshüter aufpassen, nicht als Büttel der Politik dazustehen. Gerade bei hoch verschuldeten Staaten drängt sich der Verdacht auf, dass die Inflation recht gelegen kommt.

25. Warum ist es so schwer, Inflation wieder loszuwerden?

Ganz einfach: Die Inflationsrate ist das Resultat des Wirtschaftsprozesses. Sie kann nicht festgelegt werden, sondern ist die Folge der Entscheidungen von Millionen Wirtschaftssubjekten und das Ergebnis der Preise von Millionen Waren und Dienstleistungen. Die Notenbank kann die Zinsen festsetzen, aber nicht die Inflationsrate. Und auch der Staat hat nur indirekten Einfluss, da sich die Wirtschaftssubjekte seinen Maßnahmen und Intentionen gerne verweigern.

Der Kampf gegen die Inflation ist in der Regel die wichtigste Aufgabe der Notenbank. Sie hat die nominell wirksamsten Waffen zur Hand: Sie bestimmt die Zinsen (Zinspolitik) und steuert die Geldmenge (Liquiditätspolitik).

Mit dem Übergang der Zentralbankfunktion von der Deutschen Bundesbank zum Europäischen System der Zentralbanken mit der Europäischen Zentralbank an der Spitze am 1. November 1999 wurden die zinspolitischen Instrumente leicht verändert. Der Diskontsatz, zu dem Banken Wechsel verpfänden konnten, wurde abgeschafft. Der Lombardsatz, zu dem Banken bei der Bundesbank Wertpapiere verpfänden konnten, wurde durch den Spitzenrefinanzierungssatz ersetzt.

Der Hauptrefinanzierungssatz ist das wichtigste geldpolitische Instrument der EZB. Er ist gemeint, wenn in den Medien vom Leitzinssatz die Rede ist. Zu diesem Zinssatz können Banken im Rahmen der sogenannten Offenmarktpolitik auch längerfristig Geld bei der EZB leihen; als Sicherheit kauft die EZB Wertpapiere der Banken. Das Geld wird seit der Finanzkrise 2008 als Mengentender vergeben: Zuerst legt die EZB den Zinssatz für das Zentralbankgeld fest, dann geben die Geschäftsbanken an, wie viel Geld sie sich zu diesem Zinssatz leihen möchte, danach wird das zuvor geheim gehaltene Volumen Zentralbankgeld anteilig an die Banken vergeben. Etwas komplexer ist der Zinstender: Hier gibt die EZB einen Mindestzins und das Zielvolumen vor, darauf geben die Banken Zins- und Volumengebote ab.

Wie kann die Offenmarktpolitik die Inflation drücken? Zuerst erhöht die EZB den Leitzins. Für Geschäftsbanken wird es somit teurer, sich Geld zu leihen. Die Nachfrage nach Zentralbankgeld sinkt. Die Banken müssen also ihre Kredite an Unternehmen und Haushalte zurückfahren und verteuern. Dadurch fließt Geld aus dem Wirtschaftskreislauf ab, Wirtschaftswachstum und Inflation sinken. Der Kampf gegen die Inflation ist dabei leichter, als die Kreditvergabe zu animieren. Ob es die Banken trotz niedriger Zinsen schaffen, das Geld in pessimistischen Zeiten als Kredit zu vergeben, ist offen.

Verwandt mit der Offenmarktpolitik sind die ständigen Fazilitäten: Das sind Kreditgeschäfte über Nacht. Banken können zu einem festen Zinssatz Geld bei der EZB leihen oder anlegen. Die Spitzenrefinanzierungsfazilität fungiert also ähnlich wie der Leitzins.

Abgerundet wird das Instrumentarium durch die Mindestreservepolitik. Die EZB kann von den Banken verlangen, dass ein Prozentsatz ihrer Einlagen (etwa Guthaben auf Girokonten) zwangsweise, aber immerhin verzinslich bei der Zentralbank geparkt wird. Damit sorgt sie für mehr Sicherheit bei einem Ausfall einzelner Kredite, sichert die Liquidität der Banken und schränkt zugleich die Kreditvergabe durch die Banken ein. Allerdings wird die Mindestreserve kaum aktiv genutzt. Der Mindestreservesatz verharrte seit 1999 bei 2 Prozent, 2012 wurde er sogar auf 1 Prozent gesenkt. Der Zins auf die Mindestreserve beträgt seit einiger Zeit 0 Prozent.

Ergänzt werden die zinspolitischen Maßnahmen der EZB durch ein groß angelegtes Ankaufprogramm für Anleihen. Begonnen hatte dies im Juli 2009, um den in der Finanzkrise zusammengebrochenen Markt für Pfandbriefe zu stützen. Der Erfolg des Programms führte dazu, dass in der Eurokrise ab Mai 2010 Staatsanleihen der kriselnden Staaten Griechenland, Portugal und Italien gekauft wurden. Zunächst wurden die Käufe noch »sterilisiert«, die zusätzliche Geldmenge wurde also andernorts abgeschöpft, damit die Geldmenge nicht zu sehr expandierte. Doch ab 2014 wurde darauf großzügig verzichtet, da ja die Inflationsraten so gering waren. Mit der Folge, dass das Volumen der Anleihekäufe in den Folgejahren immer mehr zunahm und schließlich schwindelerregende Höhen erreichte. Im Juni 2016 wurde das Ankaufprogramm auf Unternehmensanleihen erweitert, Ende März 2020 startete ein zusätzliches COVID-Pandemie-Programm.

Der Ankauf von Anleihen ist ein klassisches Konjunkturprogramm und soll die verminderte Wirkung der Zinspolitik zur Ankurbelung der Konjunktur ergänzen. Der Mechanismus geht so: Wenn die EZB von Banken oder am Markt Anleihen kauft, erhöht sich die im Umlauf befindliche Geldmenge. Kommt mehr Geld in Umlauf, zieht die Konjunktur an, und die Inflation steigt. Ist der Leitzins bereits niedrig und die Inflationsrate deutlich unter 2 Prozent, kann mit dem Kauf von Staatsanleihen die Inflationsrate angehoben werden.

Viele Ökonomen sehen in den zunehmenden Ankäufen von Anleihen durch die EZB eine Mandatsüberschreitung. Nach dem Vertrag von Maastricht ist die monetäre Haushaltsfinanzierung von Mitgliedstaaten durch die EZB, beispielsweise durch den Kauf von Schuldtiteln direkt bei den Staaten, verboten. Bereits ausgegebene Schuldtitel auf dem sogenannten Sekundärmarkt zu kaufen ist dagegen erlaubt. Grundsätzlich ist es für die EZB leichter, die Inflation zu bekämpfen, als die Konjunktur zu beleben. Die EZB kann zwar Zinsen senken und noch mehr Geld in die Wirtschaft pumpen, aber ob dies die Wirtschaft tatsächlich zu mehr Investitionen und Konsum anregt, ist nicht sicher. Sicher ist es dagegen, dass eine Zinserhöhung und ein Abdrehen des Geldhahns sofort bremsend wirken. Am Finanzmarkt gilt die Regel, nie gegen die Zentralbanken zu spekulieren. Sie sind am Ende stärker. Allerdings schrecken die Notenbanken regelmäßig vor den Folgen einer Inflationsbremse zurück: Das Wirtschaftswachstum wird gedrückt, die Arbeitslosigkeit steigt.

Besonders wirkungsvoll ist die Notenbank im Bündnis mit dem Staat. Die Regierung kann durch eine restriktive Ausgabenpolitik, also Senkung der Ausgaben, Kürzung von Subventionen und Steuererhöhung, massiv durchgreifen und das Wirtschaftswachstum abwürgen, wie es oft heißt.

Wenn Notenbank und Staat in der Bekämpfung der Inflation zusammenarbeiten, sind sie fast immer erfolgreich. Das gilt selbst für Hyperinflationen: Sie können nur durch eine Währungsreform beendet werden. Eine Währungsreform allein reicht aber nicht. Die Regierung muss das zuvor fast immer vorhandene Haushaltsdefizit deutlich zurückfahren. Das ist eine schwere Aufgabe, da ein Staat meist durch Subventionen und hohe Sozialausgaben in eine finanzielle Schieflage gerät. Bei den notwendigen Kürzungen ist mit lautstarkem Protest der Betroffenen – allesamt Wähler – zu rechnen.

Und eine zweite Bedingung muss erfüllt sein: Die zuvor meist regierungsabhängige Notenbank, die über die Notenpresse die Hyperinflation mitverursacht und -getragen hat, muss fortan unabhängig agieren können, also nötigenfalls sogar gegen die Regierung. Nicht die Staatsfinanzierung, sondern die Geldwertstabilität muss oberstes Gebot sein.

26. Kann der Staat nicht einfach die Preise und Löhne einfrieren, um die Inflation zu stoppen?

Oktober 2021: Wegen der hohen Inflation hat die argentinische Regierung die Preise von mehr als 1 400 Produkten eingefroren. Für 90 Tage durften die Unternehmen die Preise nicht weiter anheben. Auf der Liste der Produkte standen vor allem Lebensmittel und Hygieneartikel.

Die Inflationsrate in Argentinien liegt bei über 50 Prozent – das ist eine der höchsten Teuerungsraten der Welt. Das einst reiche Land steckt seit Langem in einer schweren Wirtschafts- und Finanzkrise. Argentinien leidet unter einem aufgeblähten Staatsapparat, geringer Produktivität der Industrie und einer großen Schattenwirtschaft.

Vor Argentinien versuchten es schon Staaten wie Russland oder Brasilien mit Preiskontrollen und -stopps. Leider hat es noch nie funktioniert. Schon der erste historisch überlieferte Preisstopp, das Höchstpreisedikt des römischen Kaisers Diokletian im Jahr 301, scheiterte kläglich. Um die hohe Inflation zu stoppen, verordnete Diokletian für mehr als 1 000 Produkte Höchstpreise und für die meisten Dienstleistungen Höchstlöhne. Verstöße wurden hart sanktioniert, bis hin zur Todesstrafe. Die Menschen reagierten, wie sie immer reagieren: Die Verkäufer gaben ihre Waren und Dienstleistungen nicht mehr gegen Geld ab, sondern machten nur noch Tauschgeschäfte.

Bei einem Preisstopp werden in der Regel die wichtigsten Industrie- und Agrarprodukte, aber auch Dienstleistungen sowie öffentliche Tarife eingefroren. Danach wird eine Preiskontrollbehörde installiert, die über die Einhaltung wachen soll. Die Erfahrung zeigt jedoch, dass neu installierte Behörden damit regelmäßig überfordert sind, ihnen fehlen personelles und fachliches Know-how sowie Erfahrung. Wer sich nicht mehr anders zu helfen weiß, bedient sich der Bürger als »Preisinspektoren«, einer Art Inflations-Stasi. Sie können (und sollen) Preisverstöße melden. Das verstärkt in der Regel das Chaos, da besonders in den ersten Tagen der Preiskontrolle eine Flut von Meldungen und Beschwerden eintrudelt. Amt, Polizei und Justiz sind überfordert, der Volkszorn wächst.

Sogar die Weltmacht USA ist schon mit dem Versuch der Preiskontrolle gescheitert: US-Präsident Richard Nixon (1913–1994) ließ am 15. August 1971 die populäre Western-Serie *Bonanza* unterbrechen und verkündete in einer Fernsehansprache einen ökonomischen Paukenschlag, der das Weltwirtschaftssystem erschütterte. Er beendete den Goldstandard, also die Verpflichtung der USA, jederzeit Dollar in Gold zu tauschen. Das Wechselkurssystem von Bretton Woods war damit beendet. Was in der internationalen Öffentlichkeit weniger in Erinnerung blieb: Nixon verkündete gleichzeitig einen Lohn- und Preisstopp von 90 Tagen, um die damals hohe Inflation von 6 Prozent auszubremsen. Die Preise wurden ab sofort von einer staatlichen Kommission fixiert, Lohnerhöhungen mussten behördlich genehmigt werden. Doch auch Nixon scheiterte. Nach den 90 Tagen holten die Preise den Bremsverlust sofort auf.

Das Grundproblem: Das Einfrieren der Preise kuriert nur die Symptome der Inflation, nicht die Ursachen; so wird der Preisdruck lediglich zurückgestaut. Der Preis verliert seine Lenkungsfunktion, es entstehen Ungleichgewichte. Was ist z. B. mit Saisonprodukten, deren Preis sich je nach Qualität und Quantität der Ernte bildet, etwa Spargel? Oder Agrarprodukten, deren Preis sich im Saisonverlauf verändert? Oder mit den verschiedenen Arten von Seife? Soll es hier zig verschiedene Preise je nach Duftnote, Beschaffenheit (flüssig, fest, Schaum) und Qualität (Luxus, Standard, billig) geben?

Der Staat ist regelmäßig überfordert, die zahllosen Preise in einer Marktwirtschaft zu regeln. So entsteht ein Qualitätsproblem: Wenn der Preis für die ganze Produktkategorie einheitlich ist, wandern die qualitativ hochwertigsten Waren in den Schwarzmarkt. Zu den offiziellen Preisen kommen nur noch minder- und durchschnittswertige Güter in die Regale.

Das austarierte Preisgefüge gerät aus den Fugen. Je nachdem, welche Preise erfasst wurden, lohnt sich die Produktion bestimmter Güter nicht mehr, da die Vorprodukte zu teuer sind. Oder die Güter werden relativ zu billig, also zu stark nachgefragt. Sofort bilden sich Schwarzmärkte, auf denen die Produkte zu höheren Preisen gehandelt werden. Doch auch diese Preise sorgen nicht für einen Ausgleich von Angebot und Nachfrage.

In der Regel erfolgt das Einfrieren der Preise ohnehin zu spät. Inflation entsteht ja nicht von heute auf morgen, sondern baut sich langsam auf. In dieser Zeit haben die wohlhabenden Bürger schon längst einen Teil ihres Vermögens in Sicherheit gebracht. Für die alltäglichen Wirtschaftshandlungen wird ab einem gewissen Betrag zu einer stabilen Zweitwährung gegriffen, in den meisten Staaten zum US-Dollar. Hier versucht der Inflationsstaat meist noch, durch Devisenregulierungen einzugreifen, Währungskäufe zu kontingentieren oder ganz zu verbieten oder seinen Wunschwechselkurs festzulegen. Doch all das hilft nicht: Geld ist ein flüchtiges Medium, das sofort in den Schwarzmarkt wechselt und auch durch Staatsgrenzen kaum aufzuhalten ist.

Schlimmer noch ist, dass Investitionen behindert werden. Unternehmen verlieren die realen Bedürfnisse der Nachfrager aus dem Blick, sie werden unsicher, entsprechend zurückhaltend sind sie mit Investitionen. Angebotsengpässen wird daher nicht mehr mit einer Steigerung der Produktion begegnet.

Das Einfrieren ist eine Maßnahme, die eine dynamische Wirtschaft in eine Statik zwingt. Der Staat übernimmt die Lenkung der Wirtschaft, so wie in einer Zentralverwaltungswirtschaft à la DDR. Ja, noch schlimmer: Das Einfrieren geschieht in einem Moment, in dem die Wirtschaft im Ungleichgewicht ist. So wird dieses Ungleichgewicht verstetigt. Ob es dem Staat gelingt, die Wirtschaft wieder ins Gleichgewicht zu bringen, darf nach den historischen Erfahrungen bezweifelt werden.

Wer nicht gleich in die Planwirtschaft einbiegen will, friert die Preise daher wie oben beschrieben meist für eine kurze Frist ein. Damit soll die Inflation gebremst werden, in Wirklichkeit aber wird sie eben nur aufgestaut. Die Produzenten halten ihre Waren zurück und verkaufen sie erst nach Aufhebung der Preiskontrolle. Da sich dann die Nachfrage entsprechend angestaut hat, explodieren die Preise und heizen die Inflation sogar noch an.

Der Erfindungsreichtum von Staaten hinsichtlich antiinflationärer Maßnahmen ist übrigens nahezu unbegrenzt: Es gibt Sondersteuern für Flugtickets und Devisenerwerb, Zwangsanleihen beim Kauf von Autos. Geholfen hat all dies bisher allerdings keinem Staat.

→ 27. Was kann der Staat tun, um die Inflation zu bekämpfen?

Die Verantwortung für Geld und Geldwert, das Geldmonopol, haben die westlichen Industrienationen in der Regel an unabhängige Notenbanken gegeben. Das hatte die historische Erfahrung gelehrt: Staaten neigen eher zum Geldausgeben als zum -einsparen. Und Geldausgeben befördert Inflation. Leider gibt es immer wieder eine unschöne Neigung von Staaten, selbst Geld nachzudrucken, wenn es irgendwo fehlt. Trotzdem kann der Staat inflationsbremsend wirken, denn er hat das mächtige Mittel der Fiskalpolitik zur Hand.

Über Jahrtausende hatte der Staat eher die Rolle eines umsichtigen privaten Haushälters, der darauf achtete, dass er seine Pflichten und Ausgaben aus den zur Verfügung stehenden Einnahmen finanzierte. Staatsverschuldung war verpönt, nur zu Kriegszeiten als Notmaßnahme erlaubt, und auch das ging schief, jedenfalls wenn der Krieg verloren wurde. In normalen Friedenszeiten galt das eiserne Prinzip des jährlichen Budgetausgleichs. Eingriffe in den Wirtschaftsablauf wurden nur bei den Rahmenbedingungen vorgenommen.

Das änderte sich mit der Weltwirtschaftskrise der 1930er-Jahre. Hier hielt sich der Staat zu Unrecht aus dem Geschehen heraus, sodass das Unheil seinen Lauf nehmen konnte. Der private Wirtschaftssektor versagte und erwies sich als unstabil. Der englische Nationalökonom John Maynard Keynes präsentierte 1936 das Konzept der antizyklischen Finanzpolitik und setzte damit die »Keynesianische Revolution« in Gang. Der Staat verabschiedete sich von dem Grundsatz, sich nicht in den privaten Wirtschaftsprozess einzumischen, und nahm fortan entscheidend Einfluss auf das wirtschaftliche Geschehen. Führend waren die USA, wo Präsident Franklin D. Roosevelt (1882–1945) in den 1930er-Jahren mit dem Beschäftigungsprogramm »New Deal« startete, das weltweit zum Vorbild wurde. In Deutschland sorgte die Wirtschaftskrise 1966/67 für ein Umdenken. Bis dahin war das Prinzip des ausgeglichenen Haushaltes im Grundgesetz verankert. Nur wenig später durften Einnahmen aus Krediten für Investitionen verwendet werden oder in Ausnahmefällen »zur Abwehr eines gesamtwirtschaftlichen Ungleichgewichts«.

Aktive Fiskalpolitik ist im Keynesianismus gleichbedeutend mit antizyklischer Fiskalpolitik. Der Staat versucht, längerfristige Ungleichgewichte im Marktprozess aktiv auszugleichen. Um dafür genügend finanziellen Spielraum zu haben, darf er vom Grundsatz des jährlichen Budgetausgleichs abrücken. Keynes nannte den neuen Grundsatz *deficit spending,* was nur unzureichend mit »Defizitfinanzierung« übersetzt wird und eher »Defizit ausgeben« heißt. Der Staat verschuldet sich, um durch direkte Investitionen oder durch Steuersenkungen und höhere Transfers für eine höhere Nachfrage zu sorgen. So soll er vor allem in Rezessionen die Nachfragelücke schließen und mit seinem Impuls die Wirtschaft ankurbeln. Zum Glück muss er nicht die gesamte Nachfragelücke füllen, sondern nur einen Teil. Der staatlich gesetzte Nachfrageimpuls stimuliert die private Nachfrage und wirkt somit selbstverstärkend, im Fachjargon »Multiplikatorprozess« genannt.

Im Idealfall steigen so die Steuereinnahmen. Der Staat kann sich wieder aus der Stimulierung des Wirtschaftsprozesses zurückziehen und die Staatsschulden mit den Mehreinnahmen tilgen. Leider hat dies in der Praxis praktisch nie funktioniert. Der Staat senkte nach der Konjunkturwende bestenfalls seine Neuverschuldungsquote, doch ihre Wiederwahl wollten die Politiker nicht durch aus ihrer Sicht unnötige Sparmaßnahmen gefährden.

Eine Rezession durch erhöhte Ausgaben zu bekämpfen, das schafft ein Staat noch. Wie aber kann er eine Inflation bekämpfen? Das ist in etwa so schwierig, wie in guten Zeiten das Haushaltsdefizit abzubauen. Mit der Inflationsbekämpfung kann eine Regierung kurzfristig keine neuen Wählerstimmen gewinnen. Bei einer Kosteninflation ist der Staat ohnehin nahezu machtlos, denn was soll er gegen explodierende Lohn-, Rohstoff- oder Energiekosten unternehmen? Jedenfalls sofern er nicht selbst durch Steuer- oder Mindestlohnerhöhungen schuld an der Kosteninflation ist. Doch im Regelfall geht es darum, eine zu große Nachfrage zu reduzieren und die sogenannte inflatorische Lücke zum Angebot zu schließen, und das erfordert unangenehme Opfer. Der Staat kann das Angebot nicht ausweiten, da er nicht Anbieter der am meisten nachgefragten Güter ist (eher im Gegenteil); somit bleibt ihm nur die Reduktion der Nachfrage. Er kann entweder seine eigene Position als Nachfrager reduzieren oder die anderen Nachfrager wie Unternehmen, Verbraucher und Ausland einschränken.

Das ist natürlich eine unangenehme Rolle. Früher behalf sich der Staat daher schon einmal mit Appellen an seine Bürger und Unternehmen, doch nun »den Gürtel enger zu schnallen«. Oder lieber zu sparen, als zu konsumieren. Diese Appelle verhallten ohne größere Wirkung. Ökonomen wissen, warum: Der individuelle Anreiz, sich an einem gesamtwirtschaftlich rationalen Verhalten zu orientieren, war nicht gegeben. Der einzelne Verbraucher musste damit rechnen, dass er als Einziger seine Käufe oder Investitionen zurückstellte, sodass er am Ende viel teurer kaufen oder investieren müsste als die anderen, die sofort zugegriffen hätten.

Effektiver sind daher andere Machtmittel, über die der Staat verfügt: Mit Steuererhöhungen kann er direkt das verfügbare Einkommen reduzieren. Außerdem schlägt sich schon die Ankündigung solcher Maßnahmen erfahrungsgemäß erheblich auf die Konsumstimmung nieder. Bei den Transferempfängern (Renten, Sozialhilfe, Arbeitslosengeld) hat sich eine Kürzung als Stimmungskiller bewährt. Auch Unternehmen reagieren auf die Kürzung von Subventionen und Steuerprivilegien wie Abschreibungen gerne verschnupft. Und das nachfragehungrige Ausland bekommt der Staat über Exporthemmnisse oder Ausfuhrsteuern diszipliniert. Selbst wenn vielleicht der eine oder andere Haushalt nicht zu Einschränkungen bereit ist, haben sich diese Instrumente in der Vergangenheit auch im nicht inflationären Umfeld bewährt.

Hundertprozentig effektiv ist dagegen ein anderer Weg der Nachfragereduktion: Der Staat schränkt seine eigene Nachfrage ein. Das betrifft staatliche Investitionen (Straßenbau, öffentliche Gebäude etc.) ebenso wie staatlichen Konsum (Personalausgaben). Hier sorgen die Multiplikatoreffekte für eine überproportionale Wirkung, da die entsprechenden Geldtransfers wiederum bei Unternehmen und Privathaushalten fehlen und somit als nachfragewirksamer Faktor entfallen. Einziger unbedingt zu beachtender Faktor: Eine geringe Kürzung der Staatsnachfrage bringt wenig, da dadurch die Übernachfrage nicht wesentlich abgebaut wird. Wirksam ist nur ein entschlossenes und breit angelegtes Ausgabenmoratorium.

Fazit: Der Staat kann nur eine Art der Inflation bekämpfen, die Nachfrageinflation. Gegenüber den anderen Arten ist er machtlos. Und selbst bei dem wirksamen Kampf tut er sich schwer, da er einzelnen Wählergruppen wehtun muss, durch Steuererhöhungen oder Transferkürzungen. Da ist es schon sinnvoll, dass er die Inflationsbekämpfung weitgehend an die Notenbank abgegeben hat.

→ 28. Warum ist eine Stagflation so heimtückisch?

Stagflation ist ein Kunstwort, ein Kofferwort, das in den 1970er-Jahren im Zuge der Ölpreiskrise entstanden ist – Jahre, an die in wirtschaftlicher Hinsicht kaum jemand gute Erinnerungen hat. In einer Stagflation treffen zwei wirtschaftliche Übel zusammen: wirtschaftliche Stagnation mit hoher Arbeitslosigkeit und hohe Inflation. Das ist die schlechteste aller ökonomischen Welten. Die Produktivität sinkt, die Produktion ist nicht ausgelastet, und doch wird alles immer teurer.

Theoretisch dürfte es Stagflation gar nicht geben, so die Ökonomen. Eine Volkswirtschaft könne nur entweder unter Stagnation oder Inflation leiden, aber niemals unter beiden Übeln gleichzeitig. Denn bei Stagnation steigt die Arbeitslosigkeit, dadurch entsteht Lohndruck, die Inflation sinkt. Ein Boom dagegen wird schnell inflationär: Arbeitskräfte werden gesucht, die Löhne steigen, also entsteht Inflation.

Ausgelöst wird eine Stagflation in der Regel von einem Angebotsschock. Bisher war es meist ein stark steigender Ölpreis, entweder durch das OPEC-Kartell oder aber durch einen Krieg im Nahen Osten. Durch die Ölpreisexplosion steigen die Produktionskosten. Die Unternehmen kürzen daher die Produktion. Da die gesamtwirtschaftliche Nachfrage gleich bleibt, steigen die Preise. Das bedeutet geringeres Wirtschaftswachstum, steigende Arbeitslosigkeit und steigende Inflation. Da die Geldillusion schnell verflogen ist, entsteht eine Inflationserwartung, die zu einer Lohn-Preis-Spirale führt. Die Stagflation wird dadurch noch prekärer. Es kann sein, dass das

Gesamtvertrauen in die Wirtschaft und Märkte verloren geht. Dann vergeben die Banken weniger Kredite, weil sie das Vertrauen in die Unternehmen verlieren. Das Defizit an Kapital bremst die Warenströme.

Als das Phänomen Stagflation in den 1970er-Jahren erstmals in Erscheinung trat, war es ein Schock für die Welt, nach Nachkriegsboom und Wirtschaftswunder unerklärlich. Schuld waren die anderen, in diesem Fall das Ölkartell OPEC. Die arabischen Ölförderstaaten verknappten das Angebot und sorgten so für eine Verdopplung des Ölpreises binnen zwei Jahren. Daraufhin verdoppelten sich in den USA auch die Inflationsrate (auf 13 Prozent 1974) und die Arbeitslosenquote (auf 8,4 Prozent 1975). In den Jahren 1979 und 1980 stieg der Ölpreis erneut und befeuerte die Inflation wieder. Erst Mitte der 1980er-Jahre bröckelte das OPEC-Kartell, und der Ölpreis stieg nicht weiter oder sank sogar.

Öl- und Energiepreise waren bisher die externen Ursachen einer Stagflation. Kein Wunder, denn sie treffen wie ein Schuss mit der Schrotflinte fast alle Branchen und Unternehmen sowie alle Verbraucher direkt. Allerdings führen stark steigende Ölpreise nicht immer in eine Stagflation. Ab 2002 beispielsweise stieg der Ölpreis bis 2006 deutlich, verursachte aber keine Stagflation. Das mag daran gelegen haben, dass sich die Abhängigkeit der Industriestaaten vom Öl nach dem Ölpreisschock 1973 deutlich vermindert hatte. Eigene Förderung von Erdöl, alternative Energien wie Atomstrom und eine weit bessere Energieeffizienz pufferten die Preiserhöhungen ab.

Vermutlich aber gibt es noch eine andere Erklärung: Ökonomie ist nicht gleich Mathematik, sondern eine Wissenschaft vom Menschen. Und menschliche Reaktionen sind nicht immer gleich bzw. von so vielen Rahmenbedingungen abhängig, die nicht immer alle einbezogen werden können. Oder sie sind schlicht irrational, also nicht vorhersagbar. Für das Phänomen Stagflation heißt das, es kommt auf die Reaktion der wirtschaftlich Handelnden auf den externen Preisschock an. Wenn Unternehmen die Kostensteigerungen über Preiserhöhungen weiterreichen können, ohne Nachfrageeinbußen zu erleiden, bleibt eine Stagflation aus. Reagieren die Kunden jedoch mit einem Nachfrageminus, müssen die Unternehmen die Produktion zurückfahren. Das Wirtschaftswachstum sinkt bei steigenden Preisen, die Arbeitslosigkeit steigt, dadurch sinkt die Nachfrage weiter.

In der Spätphase der COVID-19-Pandemie kommt es derzeit wieder zu Ängsten vor dem »Schreckgespenst Stagflation«. Und wieder sind die Ölpreise der externe Schockfaktor. 2020 brachen Konjunktur und Energienachfrage ein, es gab ein Überangebot an Rohöl und sogar negative Marktpreise. Ende 2021 hatten die Ölpreise wieder historische Höchststände erreicht. Zusätzlich getrieben von Lieferengpässen und staatlichen Energieabgaben, kletterte die Inflationsrate auf den höchsten Stand seit 30 Jahren.

Zum Glück sind Stagflationen selten. Das liegt daran, dass ein schwaches Wirtschaftswachstum normalerweise nicht mit steigenden Preisen einhergeht. Eine wirtschaftliche Schwächephase oder gar Rezession sorgt gewöhnlich für eine sinkende Nachfrage und somit fallende Preise. Übrigens muss das Wirtschaftswachstum nicht null oder negativ sein; damit eine Stagflation eintritt, reicht es, wenn es deutlich unterhalb der Inflationsrate liegt.

Falls es aber doch zu einer Stagflation kommt, können die Folgen dramatisch sein. Die Situation verlangt dann entschlossenes Handeln von Politik und Notenbank. Das Problem: Die üblichen Maßnahmen wären wirkungslos, höben sich gegenseitig auf und wären schlimmstenfalls kontraproduktiv. Bei steigenden Preisen müsste die Zentralbank die

Zinsen erhöhen und die Geldmenge verknappen, doch dies würde das Wachstum beeinträchtigen. Zinssenkungen zur Stimulierung des Wachstums verbieten sich ebenfalls. Auch eine aggressive Fiskalpolitik und Konjunkturförderung würde vielleicht das Wachstum anregen, aber die Inflation unzulässig anheizen.

Das wichtigste Rezept zur wirksamen Bekämpfung der Stagflation und zur Einleitung einer wirtschaftlichen Wende stammt von den Monetaristen: Die Inflationserwartungen müssen gebrochen werden. Die Schlüsselrolle nimmt die Zentralbank ein, die glaubwürdig und verlässlich gegen die Inflation kämpfen muss. Wie das geht, hat der im Sommer 1979 zum US-Notenbankchef ernannte Paul Volcker (1927–2019) gezeigt: Er zog die Notbremse und erhöhte die Zinsen auf 18 Prozent und mehr. Mit seinem unerbittlichen Handeln schickte er allerdings die USA und eine Reihe anderer Industrieländer in eine Rezession.

Mit dem Brechen der Inflationserwartungen tut die Notenbank ihren unpopulären Teil, um die Lohn-Preis-Spirale zu stoppen. Das wird im Idealfall durch eine angebotsorientierte Arbeitsmarktpolitik der Regierung unterstützt, die aber bedauerlicherweise mindestens ebenso wenig populär ist. Die Liberalisierung des Arbeitsmarktes zielt darauf, den Wettbewerb dort zu beleben. Wer Arbeitslose wieder in Beschäftigung bringt, erhöht das Arbeitsangebot und drückt dadurch die Löhne. So kann der Produktionsfaktor Arbeit nicht mehr preistreibend wirken.

Es ist eine Rosskur, über die sich niemand freut, die aber in der Rückschau sehr viel Dankbarkeit bringen wird. Die Inflation ist gebremst, und die Wirtschaft gewinnt Zeit, um den Preisschock zu verarbeiten.

29. Warum sind sinkende Preise eigentlich schlecht?

Es gibt auch das Gegenteil einer Inflation: Wenn die Preise fallen, spricht man von einer Deflation. Das klingt erst einmal erfreulich, denn wenn alles billiger wird, ist es doch gut, oder? Doch leider ganz und gar nicht: Eine Deflation ist noch schlimmer als eine Inflation.

Natürlich sind sinkende Preise nicht immer schlecht. Falls sie auf Effizienz- und Produktivitätsgewinnen beruhen, steigern sie den Wohlstand. So werden Smartphones von Jahr zu Jahr leistungsfähiger, der Preis aber bleibt oft gleich. Internet und Digitalisierung haben dafür gesorgt, dass viele Güter heute kostenlos sind, für die früher teilweise viel Geld bezahlt werden musste. Heute ersetzen Smartphone und Apps CD-Spieler, Fernseher, Kamera, Scanner, Notizbuch, Kalender. In die Inflationsrechnung fließen diese Wohlstandsgewinne nicht ein, weshalb dies den Verfechtern der digitalen Deflation als eine Theorie von gestern erscheint.

Bisher hat es in der Wirtschaftsgeschichte jedoch noch keine Deflation zu einem Happy End gebracht. Im Gegenteil, die meisten endeten in einer wirtschaftlichen Katastrophe oder zogen die Wirtschaft in ein endlos scheinendes Siechtum.

Mit dem Crash an der New Yorker Börse am 24. Oktober 1929 begann die Weltwirtschaftskrise, die längste und schwerste Wirtschaftskrise des 20. Jahrhunderts. Auf dem Höhepunkt der Großen Depression 1932 waren knapp sechs Millionen Menschen in Deutschland arbeitslos – eine Arbeitslosenquote von rund 20 Prozent. Wie kam es dazu? Den ersten Fehler machte die amerikanische Notenbank. Aus Angst vor einer Inflation wurde die Geldversorgung gedrosselt, um so auf eine sinkende Industrieproduktion zu reagieren und einen Geldüberschuss abzubauen. Doch in der Folge fielen die Preise.

Die zweite Phase der Großen Depression wurde am 11. Mai 1931 mit dem Zusammenbruch der Creditanstalt, der größten Bank Österreichs, eingeleitet, gefolgt am 13. Juli vom Konkurs der Darmstädter und Nationalbank (Danat-Bank), der damals zweitgrößten deutschen Bank. Damit begann eine weltweite Bankenkrise, die auch viele amerikanische Finanzinstitute erfasste.

Heinrich Brüning (1885–1970), seit März 1930 Reichskanzler, musste an vielen Fronten gleichzeitig kämpfen: Bankenkrise, umfassende Reparationszahlungen an die Siegermächte des Ersten Weltkriegs, Rückforderungen des Auslands für Kredite, die dem Deutschen Reich gewährt worden waren, ein enormes Haushaltsdefizit. Da dem Staat der Kapitalmarkt verschlossen war, entschied sich Brüning für einen rigiden Sparkurs, den er meist per Notverordnung durchsetzte: Er erhöhte die Einkommensteuern, forderte Sonderopfer von den Beamten, führte eine Kopfsteuer ein und schraubte die Verbrauchssteuern für Bier (plus 50 Prozent), Getränke, Zucker etc. in die Höhe. Dann wurden die Beiträge zur Arbeitslosenversicherung auf 4,5 Prozent, später auf 6,5 Prozent erhöht, die Leistungen zusammengestrichen. Mehrere Kürzungen der Beamtengehälter sorgten für großen Verdruss im Staatsdienst.

Unter dem Strich rettete Brüning zwar die Banken und konnte sogar die Reparationsfrage lösen, doch sein Sparkurs verschärfte die Wirtschaftskrise und führte zu einer Deflation. Immer mehr Unternehmen gingen pleite, Versicherer und Warenhauskonzerne wie Karstadt gerieten in finanzielle Bedrängnis, die in Armut lebenden Arbeitslosen prägten das Straßenbild.

Auch in Japan stand ein Börsencrash am Anfang einer bis heute anhaltenden Periode der Deflation: Zuvor hatten die Immobilienpreise schwindelerregende Höhen erreicht, angeblich vereinte die Hauptstadt Tokio zwei Drittel des weltweiten Immobilienwertes. Der japanische Aktienindex Nikkei hatte sich zwischen 1985 und 1989 von unter 15 000 Punkten auf knapp 40 000 Punkte fast verdreifacht. Doch 1990 platzte die Blase: Der Nikkei sank bis 1992 wieder auf 16 000 Punkte, die Immobilien waren nur noch ein Viertel ihrer Höchststände wert.

So weit, so normal. Wie gewonnen, so zerronnen. Das Problem lag im Bankensektor, der die Blase mit immobilienbesicherten Krediten genährt hatte. Die geplatzten Kredite schickten den Finanzsektor in die Krise. Einige Banken und Versicherer gingen Konkurs, fast alle Finanzinstitute benötigten staatliche Hilfen.

Drastisch war der Stimmungsumschwung der Verbraucher nach dem Crash. Waren die Vermögensgewinne noch von einer ausgelassenen Konsumparty begleitet worden, so schnallten die Leute nun den Gürtel enger. Die ausbleibende Nachfrage sorgte für starke Umsatzverluste der Unternehmen – die erste Stufe der Deflation. Nun setzte sich die Deflationsspirale in Gang: Die Unternehmen bauten Produktionskapazität ab und entließen Mitarbeiter. Die zunehmende Arbeitslosigkeit reduzierte die Kaufkraft weiter.

Japan rutschte in die Deflationsfalle. Trotz des gesunkenen allgemeinen Preisniveaus verharrten Konsum und Investitionen auf niedrigem Niveau. Die Regierung versuchte mit Konjunkturprogrammen für eine Wende zu sorgen, doch die Gelder versickerten wirkungslos. Nur die Staatsverschuldung stieg, sodass Japan heute der am höchsten verschuldete Industriestaat der Welt ist. Die Notenbank leistete Pionierarbeit für die EZB: Sie senkte als Erste ihre Leitzinsen auf null. Als das

Geld in der Liquiditätsfalle endete, ging sie schon ab 2001 zur quantitativen Lockerung über, also zum Ankauf von Wertpapieren. Leider blieb alles ohne Erfolg, von den Folgen der »Verlorenen Dekade« ab 1990 hat sich Japan bis heute nicht erholt.

Die Deflationen der Weltwirtschaftskrise und in Japan haben ein Schreckensbild des Phänomens gezeichnet. Dabei sind zumindest kurzzeitige Preisrückgänge völlig unproblematisch. Deutschland erlebte in den 1950er-Jahren sogar kurz hintereinander zwei Preisrückgänge, ohne dass dadurch das Wirtschaftswunder gestoppt wurde. 1950 sorgte die Angebotswelle zur Einführung der Sozialen Marktwirtschaft für einen Preisrückgang um 6,4 Prozent, und 1953 schlug der Aufstand des 17. Juni mitten im Kalten Krieg auf die Verbraucherstimmung und sorgte für ein Preisminus von 1,7 Prozent.

Chronische Deflation dagegen setzt falsche Anreize. Bei langfristig sinkenden Preisen lohnt es sich, mit Käufen und Investitionen zu warten. Es wird ja immer noch alles billiger. Geld wird gehortet, was sich besonders lohnt, da der Wert steigt. Die Wirtschaft stagniert. Wenn nun die Unternehmen die Preise senken, verschärfen sie meist das Problem. Das Warten der Nachfrager wird belohnt, sodass diese noch weiter warten.

In einer Deflation geraten die Schuldner unter Druck, denn durch die sinkenden Preise steigt ihre reale Schuldenlast. Wenn sie sich dann von den im Wert bereits gesunkenen Vermögenswerten trennen, verstärken sie die Kursverluste am Markt. Die weiter verarmenden Besitzer werden also ihren Konsum noch stärker zurückfahren. Womöglich geraten sie sogar ebenfalls in Bedrängnis und müssen Notverkäufe tätigen, die die Vermögenspreise weiter in den Keller schicken. Und so gerät eine Deflationsspirale am Finanzmarkt in Gang, die das gesamte Finanzsystem gefährden kann. Die Insolvenzen von Unternehmen und Verbrauchern setzen die Kreditgeber, also die Banken, unter Druck. Die Kreditinstitute müssen das Kreditvolumen für die Wirtschaft reduzieren, die Zinsen erhöhen oder beides. Es kann zu einer Kreditklemme kommen, Konsum und Investitionen werden weiter gedrückt, die Deflationsspirale dreht sich weiter.

Wie kann eine Deflation bekämpft werden? Das wirtschaftliche Siechtum Japans findet zwar auf hohem Wohlstandsniveau statt, ist aber dennoch wenig ermutigend. Wie in der Stagflation gilt es, die Erwartungen zu brechen, in diesem Fall die Erwartung sinkender Preise. Die traditionellen Instrumente der Notenbank versagen allerdings: Zinssenkungen verpuffen, und an oder knapp unter der Nullzinsgrenze ist irgendwann Schluss. Der Ankauf von Wertpapieren erhöht zwar die Geldmenge, aber solange die Stimmung nicht dreht, verbleibt das Mehr an Geld in der Liquiditätsfalle.

Die Schlüsselrolle zur Deflationsbekämpfung fällt dem Staat zu. Er muss den Leuchtturm und Leitstern geben – psychologisch, aber auch finanziell. Der finanzielle Teil ist einfach: Der Staat ersetzt die Lücke bei privatem Konsum und unternehmerischen Investitionen durch eigene Nachfrage. Ideal dafür sind Infrastruktur- und Baumaßnahmen, also neue Bahnstrecken, Bau und Sanierung öffentlicher Gebäude usw. Durch diese Investitionen entstehen zusätzliche Arbeitsplätze und somit zusätzliches Einkommen. Die Zusatznachfrage kann eine Positivspirale in Gang setzen. Idealerweise sollte das Investitionsprogramm von Steuersenkungen begleitet werden. Unternehmen sollen in die Produktion investieren, Arbeitnehmer wieder mehr konsumieren. In dieser Phase muss der Staat klotzen, nicht kleckern. Es gibt ein schmales Zeitfenster, in dem eine Volkswirtschaft wieder relativ leicht aus der Deflation findet. Dies gilt es mit aller Macht und Kraft zu nutzen – und vor allem auch psychologisch. Ideal ist ein Regierungswechsel, der den Neuanfang und Aufbruch symbolisiert.

30. Wie können sich Verbraucher und Rentner gegen Inflation wehren?

Es gibt nur ein Rezept: Sparen. Auch Hans Wolfgang Brachinger, der Statistiker der gefühlten Inflation, sah keinen anderen Weg. Allerdings stellte er fest, dass sich die Menschen an ihren Lebensstandard gewöhnt haben und bei ihrem Konsumverhalten bleiben wollen. Sie kaufen also weiterhin die gleichen Dinge des täglichen Lebens wie vorher ein. Dafür sparen sie an kaufseltenen, teuren Gütern. So legen sie sich ein »Inflationspolster« an, wie er es nannte.

Die Spartipps sind ansonsten einfach: Durchforsten Sie zuerst alle regelmäßigen Ausgaben. Was wird regelmäßig abgebucht, bringt aber vielleicht keinen Nutzen mehr? Sehen Sie die Kontoauszüge und Kreditkartenrechnungen des letzten Jahres an. Was fällt Ihnen auf? Brauchen Sie den zweiten Handyvertrag? Gehen Sie wirklich regelmäßig ins Fitnessstudio? Was ist mit den Versicherungen? Ist Ihr Bankkonto kostenlos?

Auch bei den täglichen Einkäufen können Sie sparen: Werfen Sie die Werbeprospekte der Discounter und Lebensmittelketten am Wochenende nicht gleich weg, sondern schauen Sie, wo Bier, Kaffee, Obst, Gemüse oder Butter im Angebot sind. Machen Sie einen Einkaufszettel (und halten Sie sich dran!). Nehmen Sie Ihre eigene Einkaufstasche mit, das spart teure Tütenkäufe an der Kasse. Wer einen eigenen Garten oder Balkon hat, sollte statt Blumen Tomaten oder anderes Gemüse anbauen. Kleidung gibt es übrigens auch secondhand – und das meiste haben Sie ohnehin schon.

Am leichtesten ist Sparen bei Verkehr und Energie: Die

Preise für Kraftstoffe und Heizöl sind in letzter Zeit besonders gestiegen, und durch die CO_2-Abgaben werden sie in Zukunft noch weiter steigen. Wer es sich leisten kann, sollte in eine sparsamere Heizung investieren. Wer auf unnötige Fahrten mit dem Auto verzichtet, kann beim Benzin sparen. Wer ein Auto mit weniger PS wählt, spart ebenfalls. Und wer ganz auf das Auto verzichten kann, spart am meisten. Das ist übrigens gar nicht so schwer, wie Sie denken. Ein Auto ist vor allem Gewohnheit. Es ist bequem, einfach einzusteigen und loszufahren. Es erfordert vor allem eine Verhaltensumstellung.

31. Schützt Gold gegen Inflation?

Der legendäre Investor Warren Buffett (geb. 1930) machte sich schon vor einiger Zeit über Gold lustig: »Gold wird irgendwo auf der Welt aus der Erde gegraben. Dann schmelzen wir es zu Barren, bauen einen unterirdischen Tresor und graben es wieder ein. Wenn uns Außerirdische dabei beobachten, es käme ihnen reichlich obskur und seltsam vor.« Das stimmt natürlich, aber Außerirdische hätten ohnehin eine Menge über uns zu lachen.

Traditionell gilt Gold als sicherer Hafen gegen Inflation. Seine Fürsprecher sehen es als realen Wert: Es ist selten und nicht beliebig reproduzierbar, somit perfekter Wertspeicher und Krisenwährung. Eine Renditeanalyse mehrerer Anlageklassen der Frankfurter Goethe-Universität ergab: Gold war während Inflationsperioden der Gewinner – weit besser als Anleihen, Aktien oder Rohstoffe. Auf Sicht von fünf Jahren lag die Rendite von Gold bei rund 32 Prozent, der Kaufkraftverlust betrug dagegen gut 9 Prozent. Geduld ist allerdings immer wieder vonnöten: 1991 sorgte die Euro-Krise für einen Preissprung beim Edelmetall. Wer damals Gold kaufte, hatte erst 2005 wieder die Geldentwertung ausgeglichen.

Das ist das Problem des Inflationsschutzklassikers Gold: Kursprognosen sind schwierig, und alte Relationen lösen sich gerade auf. Im Sommer 2020, als die Coronakrisee die Welt in die Rezession drückte, erreichte der Goldpreis ein Hoch von 2063 Dollar je Feinunze (31,1 Gramm). Doch trotz steigender Inflationszahlen kletterten die Notierungen nicht weiter, sondern normalisierten sich im Jahr 2021 zwischen 1700 und 1900 Dollar. Gold hatte im Herbst 2021 gegenüber dem Vorjahr rund 6 Prozent an Wert verloren. Zusammen mit der Inflationsrate erlitten Goldanleger also einen Verlust von mehr als 10 Prozent! Der Gold-Schutz hatte versagt.

Die Gründe für die maue Kursentwicklung waren die Alternativen: Der starke Dollar bot ebenso Inflationsschutz wie der Bitcoin, der vor allem für Anleger in den USA zur digitalen Alternative geworden ist. Außerdem lockte der Aktienmarkt mit hohen Kursgewinnen. Das war besonders für institutionelle Anleger interessant, die mit Wertpapieren auf Gold kurzfristige Gewinne einfahren wollen. Für sie ist die Zinsentwicklung wichtig, da sie bei steigenden Zinsen gerne vom zinslosen Metall auf Zinsanlagen umsteigen. Die Privatanleger als zweite große Käufergruppe am Goldmarkt wollen dagegen meist ihr Vermögen gegen Inflation oder einen Währungszusammenbruch absichern. Sie legen langfristig an und bevorzugen oft physisches Gold, da sie den Finanzzertifikaten nicht trauen.

Gold ist jedoch längst nicht mehr so schwankungsarm wie früher. Da mehr professionelle Kapitalanleger in das Metall investieren, nehmen die Kursausschläge zu, weil sie in Krisenzeiten rasch zu Geld kommen müssen und Gold dann oft schnell verkaufen. Die Preise am Goldmarkt schwanken heute ebenso wie am Aktienmarkt, nur nicht immer im Gleichklang. Gerade in unsicheren Zeiten steigt der Goldpreis in der Regel; wenn sich die Anleger in Sicherheit wiegen, fällt er.

Die alte Relation des Goldpreises zur Inflation scheint sich erst einmal aufgelöst zu haben. Sinkender Geldwert geht nicht mehr automatisch mit steigendem Goldwert einher. Wird die Inflation von einem starken Wirtschaftswachstum befeuert, steigen Zinsen und Aktienkurse. Zu Gold, das nicht einmal regelmäßige Einnahmen bringt, gibt es also attraktive Alternativen. Nur in einem Szenario ist Gold der Gewinner: wenn gleichzeitig die Wirtschaft schwächelt, also in der Stagflation.

Doch wie kauft man Gold am besten? Natürlich kann jedermann es einfach physisch erwerben, als Münze oder Barren. Die bekanntesten Anlagemünzen sind Krügerrand aus Südafrika, Maple Leaf aus Kanada, Wiener Philharmoniker aus Österreich und der China Panda. Diese Goldmünzen sind so bekannt, dass sie stets gut handelbar sind.

Das Problem ist die sichere Aufbewahrung des Goldes: Bankschließfächer sind knapp, seit es sich lohnt, wegen der Negativzinsen auch Bargeld dort aufzubewahren. Und das eigene Heim ist wegen der Einbruchsgefahr nicht empfehlenswert. Einfacher, als die deutschen Münz- und Barrenfans es bevorzugen, machen es sich die Anleger in anderen Teilen der Welt: In Indien, China und Arabien wird vorzugsweise in Goldschmuck investiert. Zusätzlicher Vorteil: Das Aufbewahrungsproblem ist gelöst, und schön anzusehen ist es allemal.

Der Kauf von Anlagegold ist von der Umsatzsteuer befreit. Wer Anlagegold nach mehr als einem Jahr Haltedauer verkauft, muss Gewinne daraus nicht versteuern. Es wird nicht einmal, wie beispielsweise bei Aktien, die Abgeltungssteuer fällig. Gekauft werden kann Gold in Deutschland nicht nur bei Banken, sondern auch bei überregionalen Anbietern wie Degussa oder Pro Aurum. Ihr Vorteil ist, dass man direkt vor Ort kaufen und auch begrenzt anonym bar bezahlen kann. Seit 2020 liegt die sogenannte Bargeldgrenze allerdings nur noch bei 1 999,99 Euro; wer mehr ausgibt, muss sich ausweisen. Neben den großen Ketten gibt es viele kleinere Läden, die beispielsweise Mitglied im Berufsverband des deutschen Münzhandels sind. Und auch online kann Gold gekauft werden, es gibt sogar mehrere Vergleichsportale für die Suche nach dem besten Preis.

Physisches Gold eignet sich vor allem für Langzeitanleger. Die hohe Differenz zwischen Verkaufs- und Ankaufspreis (auch die Banken haben Lagerungskosten) muss ähnlich wie die Nebenkosten beim Immobilienkauf erst einmal aufgeholt werden. Goldmünzen sind vor allem für extrem sicherheitsorientierte Anleger geeignet: Nach einem Währungszusammenbruch werden sie vermutlich weiter als Zahlungs- und Tauschmittel akzeptiert werden.

Einfacher und kostengünstiger sind Gold-Zertifikate oder Gold-ETFs, bei denen Gold auch physisch hinterlegt sein kann. Hier entfallen Lagerungs- und Versicherungskosten für den Anleger. Die Zertifikate sind einfach jederzeit über die Börse zu verkaufen. Wichtig für Anleger sind die Kosten – und natürlich die Bonität der Bank, die die Zertifikate begibt.

Unabhängig von Inflationsängsten raten die meisten Anlageexperten zu einem Goldanteil von 10 Prozent im Depot. Damit sei der Anleger gegen Crashs am Aktienmarkt abgesichert. Wer mehr investieren will, dem werden die Worte von Wilhelm Röpke (1899–1966), einem der geistigen Väter der Sozialen Marktwirtschaft, gefallen: »Keine Wette war in den Jahrhunderten der Währungsgeschichte sicherer zu gewinnen als die, dass ein Goldstück, das der Inflationspolitik der Regierungen unzugänglich ist, seine Kaufkraft besser bewahren würde als eine Banknote.«

32. Inflation vernichtet Vermögen. Was kann der Anleger tun?

Inflation ist der Schrecken aller Anleger. Bei kaum einem anderen Thema reagieren sie so panisch. Die Kunden merken es im Supermarkt oder an der Tankstelle, lesen es im Internet oder in der Zeitung: Das Geld wird weniger wert. Und sorgen sich natürlich um ihre Rendite. Zumal die Zinsen auf absehbare Zeit niedrig bleiben werden.

Inflation gehört zu den Elementarrisiken für Vermögen. Die Geldentwertung frisst direkt die Kaufkraft des Geldes auf dem Bankkonto. Vor allem, wenn es dort keine Zinsen mehr gibt.

In der aktuellen Corona-Inflation werden die Anleger zwischen zwei Mahlsteinen zerrieben: Die Inflation ist auf dem höchsten Stand seit drei Jahrzehnten, doch die Zinsen sind gleich null oder gar negativ. So entsteht die historisch einmalige Situation, dass es auf dem Zinsmarkt keinen Ausgleich für den Kaufkraftverlust gibt. Im Gegenteil werden die Wertverluste durch Negativzinsen noch erhöht. Der Grund ist die EZB, die keine Zinserhöhungen zulassen kann, um die Wirtschaft und die hoch verschuldeten Staaten nicht zu gefährden.

Für deutsche Anleger ist die Inflation besonders gefährlich, da sie seit jeher eher sicherheitsorientiert sind und daher allein 2,6 Billionen Euro auf Giro- oder Tagesgeldkonten halten. Dieses Geld ist der Inflation schutzlos ausgeliefert und verliert täglich an Wert. Bei null Prozent Zinsen und 2 Prozent Inflation schrumpft die Kaufkraft von 10 000 Euro nach zehn Jahren auf 8200 Euro, nach 20 Jahren auf 6700 Euro. Anlagen wie Festgeld oder Anleihen, deren Zins nicht mal die Inflation ausgleicht, kommen also nicht infrage.

Gelegentlich werden inflationsindexierte Anleihen empfohlen, kurz Linker genannt. Diese Papiere, in der Regel Staatsanleihen, bieten einen Inflationsausgleich. Die Anleger erhalten eine relativ niedrige nominale Verzinsung plus eine Prämie, die sich im Nachhinein am Inflationsindex orientiert. Die Differenz zwischen der garantierten Nominalverzinsung des Linkers und der Rendite einer normalen Anleihe entspricht genau der erwarteten Inflation. Trifft die Erwartung ein, ist die Rendite beider Papiere identisch. Der Anleger geht also in Wirklichkeit eine Inflationswette ein: Erwartet er eine höhere Inflation als der Markt, gewinnt er mit dem Linker. Fällt die Inflation aber geringer aus, wäre er mit der normalen Anleihe besser gefahren.

Wer als Anleger Inflationsschutz sucht, schaut nach Sachwerten. Neben Gold sind das vor allem Immobilien, Aktien und nunmehr auch Kryptowährungen.

Das Betongold fällt dem Laien meist zuerst ein, wenn es um Inflationsschutz geht. Doch dieses Bild ist geprägt vom deutschen Immobilienboom. Ob es in den nächsten Jahren so weitergehen kann, ist fraglich. Die Deutsche Bundesbank hat bereits darauf hingewiesen, dass es gerade in den deutschen Großstädten deutliche Übertreibungen bei den Immobilienpreisen gibt. Doch in weniger prominenten Lagen steigen die Preise immer noch. Voraussichtlich wird der Immobilienboom erst abflachen, wenn die Zinsen wieder deutlich in den positiven Bereich gehen. Das ist jedoch derzeit nicht zu sehen. Daher dürften die Immobilienpreise in den nächsten Jahren weiter steigen, wenn auch nicht mehr ganz so deutlich wie in der Vergangenheit. Immobilien bleiben also ein sinnvoller Inflationsschutz.

Allerdings sind Immobilien nicht ohne Risiken: Bei den

hohen Preisen ist die Mietrendite entsprechend gering, kaum mehr über 2 Prozent. Wer einen Neubau kauft, zahlt die Inflation über die Baukosten mit – und natürlich die hohen sogenannten weichen Kosten des Bauträgers, die bis zu 30 Prozent betragen können. Die Erfahrung zeigt leider, dass bei steigenden Mieten (und diese müssen sich ja mit steigenden Immobilienpreisen auch irgendwann erhöhen) der Staat immer enteignungsgleicher versuchen wird, die Mieten zu senken und damit die Mieter zu schützen. Schließlich sind diese in Deutschland in der Mehrheit. Auch die demografische Entwicklung birgt Risiken. Der Anleger sollte also die Lage sorgfältig wählen und sich nicht zu stark verschulden, um im Szenario steigender Zinsen und sinkender Mieten nicht unter die Räder zu kommen.

Aktien sind doch ebenfalls Sachwerte, denken viele. Stimmt, aber nicht das entscheidet über die Kurse, sondern die Entwicklung der Gewinne. Selbst wenn es viele glauben: Die Inflation sorgt nicht für höhere Kurse am Aktienmarkt. Der Grund: Auf höhere Inflation reagieren die Notenbanken oft mit Zinsanhebungen. Höhere Zinsen sind aber Gift für Unternehmen, ihre Kapitalkosten, Verschuldungsrahmen und zu finanzierenden Investitionen. Die Finanzmärkte bewerten Unternehmen nach ihren künftigen Erträgen, dem sogenannten Ertragswert. Die künftigen Erträge werden nun mit einem höheren Satz abgezinst, sodass der Ertragswert sinkt.

Gleichzeitig locken sie die Anleger in den Anleihemarkt. Als Faustregel aus der Vergangenheit gilt, dass Unternehmen und damit ihre Aktien bei Inflationsraten von mehr als 5 Prozent unter Druck geraten.

Falls die Notenbanken aber nicht mit restriktiven geldpolitischen Maßnahmen wie höheren Zinsen reagieren müssen, sind Aktien eine gute Wahl. Ein wenig Inflation ist sogar gut für die Kurse: In der Vergangenheit sorgten Inflationsraten zwischen 3 und 5 Prozent für eine stabile Kursentwicklung. Bei Raten zwischen 0 und 3 Prozent dagegen fiel die Kursentwicklung deutlich schwächer aus.

Als Anti-Inflationsinvestment empfehlen sich vor allem Unternehmen mit starken Marken, also meist Konsumgüterhersteller mit hoher Preissetzungsmacht: Sie können höhere Einkaufspreise bei Rohstoffen, Vorprodukten oder steigende Lohnkosten über höhere Verkaufspreise an die Kunden weitergeben. Wenn die Ursache der Inflation eine hohe Nachfrage nach Waren ist, sind auch die Produzenten und Vermarkter interessant. Ebenfalls attraktiv sind Firmen mit hohen Erlösen und kontinuierlichem starken Umsatz- und Gewinnwachstum, etwa der Luxuskonzern LVMH, Grafikchipentwickler Nvidia, Google-Mutter Alphabet oder Microsoft.

Die Experten sprechen von »Teflon-Werten«, die gegen Inflation immun seien. Dazu zählen auch Infrastrukturwerte. Ihre Konzessionen, langfristigen Verträge und sonstigen Rahmenbedingungen sind meist ausdrücklich an die Teuerungsrate gebunden. Und falls nicht, haben sie häufig eine Quasimonopolposition mit großer Preissetzungsmacht. Klassische Beispiele sind Betreiber von Mautstraßen wie die französische Vinci oder Versorger. Es gibt sogar schon einen eigenen ETF dafür: den Horizon-Kinetics-Inflation-Beneficiaries-ETF, der u. a. Börsenbetreiber wie Deutsche Börse, Rohstoff- und Immobiliengesellschaften enthält.

Der neue Star am Anlagehimmel der Inflationsschutzsuchenden ist die digitale Währung Bitcoin. Der Grund: Die Menge der digitalen Coins (englisch für »Münzen«) ist bewusst auf 21 Millionen begrenzt worden. Damit sind Bitcoins nicht beliebig vermehrbar und können wie ein Sachwert als Wertspeicher dienen. Ob sie sich damit tatsächlich als Inflationsschutz eignen, ist jedoch noch nicht erwiesen. Bisher sind sie vor allem als Spekulationsobjekt positioniert, weniger als Schutz vor Kaufkraftverlust. Ein systematischer Zusammenhang zwischen ihrer Wertentwicklung und den Inflationsraten wurde noch nicht belegt. Die Spekulation hat allerdings dafür gesorgt, dass die Kurse stark schwanken. Bitcoins sind also nur etwas für Investoren, die dies aushalten können. In jedem Fall sollte nur ein kleiner Anteil des Depots auf sie entfallen – und Geld, das nicht gegen Inflation geschützt werden soll.

Wer es etwas konservativer mag, sollte sich auch Rohstoffe ansehen: Nach einer Renditeuntersuchung der Frankfurter Goethe-Universität schnitten sie nach Gold in Inflationszeiten am besten ab. In normalen Zeiten sind Rohstoffe nicht sonderlich attraktiv: Ebenso wie bei Gold fallen bei ihnen Lagerkosten an, es gibt keine Erträge in dieser Zeit. Wenn aber bei einer Inflation alle Preise steigen, dann erhöhen sich auch die Preise der Rohstoffe.

Unter dem Strich dürfte ein gesundes gemischtes Aktiendepot nicht nur die beste Absicherung gegen Inflation, sondern auch die beste Geldanlage auf Dauer sein. Natürlich kann man mit Aktien Geld verlieren, das Risiko wird jedoch immer kleiner, je länger der Anlagezeitraum ist. Empfohlen werden mindestens 10 Jahre.

Sicher ist: Wer das Geld stattdessen auf dem Girokonto liegen lässt, der macht gewiss Verlust. Wie schon der amerikanische Humorist Will Rogers (1879–1935) sarkastisch zu den verarmten Zinsanlegern meinte: »Investiere in Inflation. Sie hat die besten Aussichten.«

→ 33. Ein Blick in die Zukunft: Stehen wir nach Corona vor inflationären Zeiten?

Auch die Ökonomen können Voodoo: Bei ihnen heißen die unerklärlichen Phänomene »Superzyklen«. Im Frühjahr 2021 entdeckten die ersten Auguren einen Superzyklus bei den Grund- und Rohstoffen sowie Lebensmitteln. Die Preise stiegen sprunghaft. Und im Gegensatz zu einem normalen Wirtschaftszyklus funktioniert der Ausgleich von Angebot und Nachfrage nicht. Die Hersteller können die Produktion nicht ausweiten. Bei gleichbleibender oder gar wachsender Nachfrage kennen die Preise nur eine Richtung: nach oben.

Wie schnell sich doch die Welt dreht: Noch vor einiger Zeit schien eine schöne neue Wirtschaftswelt ohne Inflation möglich. Alle wichtigen Trends drückten die Preise: Die globale Arbeitsteilung hielt die Löhne in Schach, der technische Fortschritt sorgte für steigende Produktivität. Der Internethandel ermöglichte die weltweite Suche nach dem günstigsten Preis. Und die Alterung der Gesellschaft erhöhte die Spareinlagen, da die meisten Senioren schon alles haben. Die jungen Konsumenten (und gierigen Nachfrager) dagegen wurden immer weniger.

Dann kam Corona. Die Globalisierung der Welt wurde zumindest eine Zeit lang zurückgedreht. Lieferketten funktionierten nicht mehr, die Produktion wurde aus den Niedriglohnländern zurückgeholt. Die Perspektive änderte sich: Die Alterung der Gesellschaft wurde wieder negativ gesehen. Der Faktor Arbeit wurde in der alternden Gesellschaft knapp, die Löhne stiegen, Tarifrunden erzielten immer ansehnlichere Steigerungen. Nach dem Ende der Lockdowns gaben die Konsumenten endlich das Geld aus, das sie vorher nicht hatten ausgeben können. Die Energiepreise explodierten, zusätzlich getrieben von höheren CO_2-Steuern.

Seit ihrer Gründung hat die EZB ihr Inflationsziel immer mehr aufgeweicht. Als sie 1998 gegründet wurde, galt sie als »Europäische Bundesbank« – nach der angesehensten Zentralbank im europäischen Raum. So wurde das Ziel einer Inflation »unter 2 Prozent« übernommen. Dieses Ziel hatte die Bundesbank in den 1970er-Jahren formuliert, als die Inflationsraten in Deutschland noch bei 6 bis 7 Prozent lagen. Zwei Prozent waren in erster Linie ein Signal, dass die Bundesbank die Inflation sehr deutlich drücken wollte. Und es funktionierte: Inflation entsteht immer auch aus Inflationserwartungen, und diese wurden durch dieses Ziel eingehegt. Da die wichtigsten anderen Zentralbanken der Welt dem Kurs der Bundesbank folgten, sank die Inflation in den 80er-Jahren weltweit. So entstand zwischen Mitte der 80er-Jahre und 2007 die »Great Moderation«.

Ob die niedrige Inflation dieser Zeit tatsächlich auf die Geldpolitik zurückzuführen ist, ist jedoch umstritten. Der Anfang der 90er-Jahre einsetzende Globalisierungsschub mit der Integration der Länder des ehemaligen Ostblocks und dem Aufstieg Chinas zu einer internationalen Handelsmacht ließ viele Produkte billiger werden. Gleichzeitig wurde die Macht der Gewerkschaften durch die Drohung der Verlagerung von Produktion in Niedriglohnländer begrenzt. Lohnerhöhungen fielen fortan moderat aus. Weiterer Preisdruck entstand durch die Digitalisierung. Und schließlich sorgte das Internet für eine vorher unvorstellbare Preistransparenz, da Einkaufen auf einmal weltweit stattfand und viel billiger war. Preiserhöhungen etablierter Anbieter mussten sich erst einmal im Rahmen halten.

Im Jahr 2003 änderte die EZB ihren Kurs. Der erste EZB-

Präsident Wim Duisenberg (1935–2005) hob das Ziel auf »nahe, aber unter zwei Prozent« an. Was geringfügig klingt, hatte große Folgen: Auf einmal kämpfte die EZB aktiv für eine leichte Inflation, um eine Deflation zu vermeiden. Doch das Deflationsgespenst war harmlos, da zwar die Preise sanken, Wirtschaftswachstum und Reallöhne aber stiegen. Dennoch sah die EZB im Verharren der Preissteigerung unter 2 Prozent eine »Zielverfehlung«.

Als in der Coronakrise klar war, dass die Preise auf einmal absehbar in die Höhe schießen würden, wandelte die EZB das Inflationsziel im Sommer 2021 abermals: Nun werden mittelfristig 2 Prozent angestrebt. Und dieses Ziel sei „symmetrisch" zu interpretieren. So wie es ja mehrere Jahre problemlos unterschritten wurde, so wäre es auch keine Fehlentwicklung, wenn es ähnlich lange überschritten würde. Die EZB würde jedenfalls nicht unbedingt eingreifen müssen.

Wie es in Zukunft weitergeht, ist unklar. Sicher ist, dass die EZB die Geldmenge ungeheuer ausgedehnt hat. Als Reaktion auf die Coronakrise initiierte sie das größte Hilfspaket ihrer Geschichte: Sie kaufte Staats- und Unternehmensanleihen im Volumen von 750 Milliarden Euro. Das Pandemic Emergency Purchase Programme (PEPP) sollte so die Kapitalmarktzinsen senken. Doch ob es einen eindeutigen Zusammenhang zwischen Geldmenge und Inflation gibt, wird von den Ökonomen bestritten. Das zur Bekämpfung der japanischen Depression erfundene »Quantitative Easing« sorgt am Anfang für Scheinrenditen durch Wertzuwachs bei den Vermögenspreisen, also Immobilien, Aktien etc. Nur die Deflation blieb.

Heute gibt es fundamentale Trends, die auf eine höhere Inflation deuten: Die Energiewende mit dem Aus für Kernenergie und sämtliche fossilen Brennstoffe wird die Strom-, Öl- und Gaspreise weiter steigen lassen. Die Alterung der Bevölkerung wird noch mehr Inflationsdruck ausüben. Die

Babyboomer gehen in den nächsten Jahren in Rente. Sie werden dann nicht mehr produzieren, nur noch konsumieren. Das sorgt für einen inflationären Nachfrageüberhang. Gleichzeitig wird das Potenzial an Arbeitskräften durch die demografische Entwicklung weltweit knapper, nicht nur in Europa. Dadurch haben Arbeitnehmer und Gewerkschaften mehr Verhandlungsmacht und werden höhere Löhne durchsetzen können. Der Preisdruck durch die Globalisierung dreht sich: Es wird neue Handelsbeschränkungen geben, künftig auch mit klimapolitischer Begründung. In den ehemaligen Billiglohnländern steigen die Löhne. Unternehmen müssen Lieferengpässe bewältigen und werden die höheren Kosten als höhere Preise weitergeben.

Bei Ökonomen gefürchtet sind die Zweitrundeneffekte: Jahrelang dümpeln die Preise auf mehr oder weniger konstantem Niveau, dann erfolgt ein externer Schock, oft sind es die Energiekosten, und schon kommt es zu Preiserhöhungen auf breiter Front, die dann durch hohe Lohnforderungen und Mieterhöhungen (da ja die Preise gestiegen sind) dynamisiert werden. Manche Ökonomen sprechen von einem Ketchupflaschen-Effekt: Lange kommt gar nichts, dann plötzlich alles auf einmal.

Gefährlich sind Anstoßeffekte, die derzeit von vielen Seiten drohen: Die Coronakrise hat die Lieferketten durcheinandergebracht. Frachtschiffe lagen vor den Häfen in Quarantäne. Die Frachtraten für Containerschiffe haben sich gegenüber 2019 vervielfacht. Die gewerblichen Erzeugerpreise (sie umfassen auch Preissteigerungen auf den Zwischenstufen der Produktion) verzeichneten im Oktober 2021 mit 14 Prozent gegenüber dem Vormonat den höchsten Anstieg seit 50 Jahren, also seit dem Ölpreisschock. Die Kaskaden von Effekten für und Ausstrahlungen auf viele Branchen und Produkte sind gefährlich.

Bei Redaktionsschluss dieses Buches gibt es also eine Reihe von Risikofaktoren, die für eine Fortsetzung der Inflation sprechen. Die 2020er-Jahre drohen nach 50 Jahren wieder zu einem Jahrzehnt der Geldentwertung zu werden. Was die Lage derzeit von den 1970er-Jahren unterscheidet: Der Handlungsspielraum der Notenbank im Kampf gegen die Inflation ist eingeschränkt. Die hohen Schulden von Staaten und Unternehmen machen Zinserhöhungen zu einem Spiel mit dem Feuer. Sollten Schuldner, gar ganze Staaten, zahlungsunfähig werden, droht eine neue Finanzkrise mit einem tiefen Fall in die Rezession. So gesehen, dürften wir froh sein, mit einigen Jahren moderater Inflation davonzukommen.

Literatur

Anderegg, Ralph: *Grundzüge der Geldtheorie und Geldpolitik*. Oldenbourg 2007.

Beck, Hanno/Bacher, Urban: *Inflation. Die ersten zweitausend Jahre. Wie Politiker unser Geld zerstören und wie man sich davor schützt.* FAZ-Buch 2017.

Brachinger, Hans Wolfgang: »Der Euro als Teuro? Die wahrgenommene Inflation in Deutschland.« In: *Wirtschaft und Statistik*. Nr. 9, 2005, S. 999–1013.

Costafreda, Marcelino (mit Galbraith, John Kenneth): *Inflation*. Rowohlt 1977.

Donovan, Paul: *The Truth About Inflation*. Routledge 2015.

Gisher, Horst/Herz, Bernhard/Menkhoff, Lukas: *Geld, Kredit und Banken. Eine Einführung*, 4. Auflage, SpringerGabler, 2020.

Hagger, A. J.: *Inflation Theory and Policy*. Macmillan Press 1977.

Hazlitt, Henry: *Inflation. What You Should Know About Inflation*. Van Nostrand 1960; dt.: *Was Sie über Inflation wissen sollten: Die Wahrheit darüber, warum Ihr Vermögen schrumpft*. FBV 2017.

Hazlitt, Henry: *The Inflation Crisis and How to Resolve It*. Arlington 1978.

Kahneman, Daniel/Tversky, Amos: »Prospect theory: An analysis of decision under risk.« In: *Econometrica*, Band 47, 1979, Nr. 2, S. 263–291.

Mankiw, N. Gregory/Taylor, Mark P.: *Grundzüge der Volkswirtschaftslehre*. Schaeffer Poeschel 2021.

Mankiw, N. Gregory: *Makroökonomik: Mit vielen Fallstudien*, Schaeffer-Poeschel 2017.

Müller, Henrik: *Die große Inflation*. Campus 2010.

O'Neill, Robert/Ralph, Jeff/Smith, Paul A.: *Inflation History and Measurement*. Palgrave Macmillan 2017.

Riße, Stefan: *Die Inflation kommt: Wie Sie sich schon jetzt schützen*. FBV 2021.

Siebert, Horst: »Wie wird Inflation importiert?« In: *Inflation – Eine volkswirtschaftliche Geißel?* Mannheim 1975, S. 36–41.

Sinn, Hans-Werner: *Die wundersame Geldvermehrung*. Herder 2021.

Spremann, Klaus/Gantenbein, Pascal: *Finanzmärkte. Grundlagen, Instrumente, Zusammenhänge*, 5. Auflage, UTB 2019.

Taylor, Frederick: *Inflation. Der Untergang des Geldes in der Weimarer Republik und die Geburt eines deutschen Traumas*. Siedler 2013.

Wagner, Helmut: *Inflation*. Springer 1983.

Wallwitz, Georg von: *Die große Inflation. Als Deutschland wirklich pleite war*. Berenberg 2021.